Nudità

Giorgio Agamben

丛书策划与资助
首都师范大学文化研究院

主编
汪民安

裸体

[意] 吉奥乔·阿甘本 著

黄晓武 译

北京大学出版社
PEKING UNIVERSITY PRESS

著作权合同登记号 图字：01-2012-1150

图书在版编目（CIP）数据

裸体 /（意）吉奥乔·阿甘本（Giorgio Agamben）著；黄晓武译. —北京：北京大学出版社，2017.3
（雅努斯思想文库）
ISBN 978-7-301-27237-4

Ⅰ.①裸… Ⅱ.①吉… ②黄… Ⅲ.①政治哲学－研究 Ⅳ.①D0

中国版本图书馆 CIP 数据核字（2016）第 144584 号

Nudità by Giorgio Agamben
Nudità © 2009 nottetempo srl
本书简体中文翻译版由 nottetempo srl 出版公司授权北京大学出版社出版发行。

书　　名	裸体 LUO TI
著作责任者	[意]吉奥乔·阿甘本（Giorgio Agamben）著　黄晓武 译
责任编辑	于海冰
标准书号	ISBN 978-7-301-27237-4
出版发行	北京大学出版社
地　　址	北京市海淀区成府路 205 号　100871
网　　址	http://www.pup.cn　新浪微博：@北京大学出版社　@培文图书
电子信箱	pkupw@qq.com
电　　话	邮购部 26752015　发行部 62750672　编辑部 62750883
印 刷 者	三河市国新印装有限公司
经 销 者	新华书店
	880 毫米 × 1230 毫米　32 开本　8 印张　99 千字 2017 年 3 月第 1 版　2017 年 4 月第 2 次印刷
定　　价	48.00 元

未经许可，不得以任何方式复制或抄袭本书之部分或全部内容。
版权所有，侵权必究
举报电话：010-62752024　电子信箱：fd@pup.pku.edu.cn
图书如有印装质量问题，请与出版部联系，电话：010-62756370

目 录

译者序言 / 1

第一篇　创造与救赎 / 1
第二篇　何谓同时代人？ / 18
第三篇　K / 36
第四篇　论生活在幽灵中的利与不利 / 72
第五篇　论我们能不做什么 / 82
第六篇　无人格的身份 / 87
第七篇　裸体 / 102
第八篇　荣耀的身体 / 164
第九篇　公牛般的饥饿：
　　　　关于安息日、庆典和安歇的思考 / 188
第十篇　世界历史的最后一章 / 205

译者序言

悬置与去功用化：
阿甘本的分析策略及其来源

在阿甘本的思想发展中，福柯和本雅明所起的作用是非常明显的，对权力及权力机制设定的各种边界的思考就是福柯式影响的一个重要表现。在阿甘本的分析中，这些权力和权力机制的表现形式是多种多样的，既包括我们常见的民族国家的政治权力，也包括历史上的神学权力和日常生活中的各种技术的发展所产生的权力机制。权力的重要作用就是设定边界，因此考察边界问题就成为我们反思权力机制的一个切入口。边界总是表现为各种对立，比如创造与救赎的对立、裸体与穿衣的对立,阿甘本认为,一种真正严肃的研究必须首先考古学式地回到这些对立的源头中去,掌握构建这些对立的机制,从而摧毁这些对立,"它的目标不是要找到先于对立的原初状态,而是掌握产生这一对立的机制,并使其失效"[1]。

一、边界及其机制

在考察边界和各种对立机制时,考古学式地回到这些对立的源头中去,这是阿甘本最常用的分析策略,这使他和芝加哥学派的新古典主义看上去似乎很相似,都有大量的对古典哲学和宗教文本非常繁琐的词源学的阐释,都追溯到宗教和哲学的源头,比如把创造与救赎的对立追溯到伊斯兰教和基督教最初文本中上帝的两种工作;把卡夫卡小说《审判》(《诉

---

[1] 阿甘本:《裸体》,参见本书第120页。

讼》)和《城堡》中的主人公K的名字追溯至拉丁文诬陷者（Kaluminator）和古罗马的地理边界纵坐标线kador，探讨罗马诉讼的法律术语的历史演变；把人格（persona）追溯至古代贵族家庭中存放在正厅中的祖先的蜡质面具等。阿甘本认为，当代问题如果不追溯到古代源头，是无法彻底理解的，因为"开启现代之门的钥匙隐藏在远古和史前"，正是在这个意义上，他认为，当下的切入点必然采取考古学的形式；然而这种考古学并不是要回归到历史的过去，而是要根据当前的问题寻找过去的历史源头，"返回到我们在当下绝对无法亲身经历的那部分过去"[1]。这也是他所说的"同时代人"必须具备的精神气质，"以出乎意料的方式阅读历史，并且根据某种必要性来'引证它'，这种必要性无论如何都不是来自他的意志，而是来自他不得不做

---

1 阿甘本：《何谓同时代人？》，参见本书第33页。

出的回应的某种紧迫性"[1]。在阿甘本看来,这就是福柯所说的,"对过去的历史研究不过是他对当下的理论探究投下的影子",也是本雅明所说的,过去的意向"只有在其历史的确定时刻才是可以理解的"。[2] 因此,在相似的外表下,阿甘本和芝加哥学派的新古典主义的理论旨趣是不同的,虽然对古代的分析都指向当代,但在新古典主义看到古代理想范式的地方,阿甘本看到的却是深渊和"折断的脊骨",是当代问题的源头和转折点。

阿甘本通过边界问题对卡夫卡的小说《城堡》进行了全新的解读,他认为小说主人公K所做的就是重新勘定边界的工作。他把K和古罗马的土地测量传统联系了起来。古罗马的边界具有神圣的性质,它来源于对应的天体运行位置,土地测量员的工作在古罗马之所以非常重要,因为它涉及边界的测定。因此,K的

---

[1] 阿甘本:《何谓同时代人?》,参见本书第35页。
[2] 同上。

职业选择具有决定性的意义，因为像小说所描写的那样，没有人请他来干这个活，正如村长告诉他的，村子里根本没有要他干的活，因此，他的工作是自己给自己指派的，在阿甘本看来，这一职业选择既是一种开战宣言，也是一种策略，因为它使原有的边界成了问题，"K后来全身心关注的，并不是花园与村子的房屋之间的边界问题。相反，由于村子里的生活实际上完全是由村子与城堡之间的边界决定的，这些边界同时又使村子和城堡紧紧地联系在一起，土地测量员的到来首先使这些边界成了问题"[1]。

在写作《城堡》的同时，卡夫卡在他的日记里也记下了他对边界问题的一些思考，这是以对精神世界的反思为起点的，经历的一次精神崩溃使卡夫卡开始反思精神世界的内部和外部之间的边界问题，内心所

---

[1] 阿甘本:《K》,参见本书第67页。

产生的狂野被描述为追逐,其中"自我观察不让任何表象停歇,不停地追逐它们,使它们成为新的自我观察的表象"[1]。阿甘本认为,在这里,追逐的形象让位于对边界问题的反思,也就是反思人类与人类之上的、超越人类的事物之间的边界问题。这也就是卡夫卡所说的,追逐"只是一种表象",可以说是"对最后的人类边界的一种攻击",而所有这些文字,"都是对边界的攻击"[2]。阿甘本认为,在《城堡》中,"对于最后边界的攻击"正是这样一种攻击,"它针对的是把城堡(上层)与村子(下层)分隔开来的那些界限"[3]。

对边界的攻击的真正目标并不是上帝或最高权力,这就像在卡夫卡的小说中,城堡主人伯爵老爷从来都没有被真正讨论过,斗争的目标只是天使、信使和作

---

[1] 阿甘本:《K》,参见本书第64页。
[2] 参见本书第65页。
[3] 参见本书第67—68页。

为其代表的各级官僚,因此,这里关键的不是人与神之间的冲突,而是在神的问题上与人类的谎言之间的残酷斗争。阿甘本认为,这就像"在法的大门口"这个寓言故事所表现的,重要的并不是对法的研究,而是"对守门人的长期研究",在法的大门口的乡下人,正是由于持续地坚持这一研究,才能在诉讼之外终其一生,而不像约瑟夫·K一样被卷进诉讼致死。因此,真正的欺骗恰恰是守门人的存在,也就是从最低级别的办事人员、检察官直到最高法官的存在,他们的目标就是诱使他人进行自我诬陷,从而进入法的大门,而这一大门只通向诉讼。因此,阿甘本认为,土地测量员想清除或推翻的,"就是在人与人之间、人与神之间建立起来的界线、区分和障碍"[1]。

边界或界线的设定是为了区分事物,但边界的设

---

[1] 阿甘本:《K》,参见本书第68页。

定并不能阻断事物之间的隐秘联系,并且这一联系会以各种伪装继续发挥作用,就像先知虽然早就从西方历史中消失了,但他在各种伪装下继续从事这一工作。阿甘本追溯了先知这一形象在西方历史中的演变,指出与先知这一形象联系在一起的,正是创造和救赎之间的对立,在伊斯兰教、犹太教和基督教传统中,这种对立都统一于真主或上帝的两种不同类型的工作或实践,阿甘本认为,不管这两种工作的起源是什么,创造和救赎确立了神圣行为的两极,同时神圣行为作为人类反思自身问题的场所,也反映了人类行为的两极。但更重要的不是这两种行为之间的区分,而是它们之间的联系:它们既相互区别、相互对立,但又密切联系、不可分割。因此,对于创造和拯救活动来说,"那些行动和生产的人同时必须保有和拯救他们的创造"[1]。创造与拯

---

1 阿甘本:《创造与救赎》,参见本书第7页。

救就其代表了上帝的两种力量而言，仍然以某种方式隐秘地联系在一起，我们要发现的正是事物之间的这一隐秘联系。在阿甘本看来，在人类的每一种生存状况中，真正独特的是这两种工作无声的、不受外界影响的相互交织，"是预言性词汇和创造性词汇极为密切而又断裂的展开过程，是天使的力量（借助它，我们不停地生产并向前看）和先知的力量（作为对创造所带来的进步的不停的再生、消解和阻碍，并用这种方式完成它并拯救它）极为密切而又断裂的展开过程"[1]。

并且，创造与救赎之间的关系并不像我们想象的那样是创造在先，救赎在后，阿甘本通过对《古兰经》的分析指出，在伊斯兰教中，具有决定意义的是救赎先于创造，因此，看起来在后的实际上却是在先的。"救赎不是对堕落的造物的一种拯救，而是使创造变得

---

[1] 阿甘本：《创造与救赎》，参见本书第7页。

更易理解,它赋予创造以意义。因此,在伊斯兰教中,先知之光被认为是所有存在中的第一道光……救赎作为对修复的一种迫切要求而出现,而在被创造出来的世界上,它先于任何恶行而出现,没有什么比这一事实更好地表达了救赎之于创造的优先性。"[1]因此,阿甘本认为,实际上拯救先于创造,"行动和生产的唯一合法性似乎来源于这样一种能力,即拯救已经做的和生产的一切"[2]。在创造与救赎的关系中,和它们之间既分割对立又密切联系这一关系同样重要的,是二者之间的先后顺序,这也就是阿甘本所说的,"同样独特的,就是把这两种工作联系在一起的那一时间,以及创造先于救赎但在现实中后于救赎,正如救赎后于创造但在现实中先于创造的那一节奏"[3]。

---

[1] 阿甘本:《创造与救赎》,参见本书第5页。
[2] 参见本书第7页。
[3] 同上。

二、悬置、去功用化与停歇

如何清除或推翻边界所设立的对立机制呢？仅仅考古式地追溯对立机制，并逆转对立双方的位置是不够的，就像阿甘本在评论当代诗歌和哲学之间的对立时所论述的，诗歌与哲学之间的对立在今天取代了创造与救赎之间的对立，经由宗教传统的世俗化过程，这些领域逐渐失去了对之前把它们紧密联系在一起的那种关系的全部记忆。因此它们之间的关系现在表现出了一种复杂的、近于精神分裂般的特征。今天，这两种被割裂为不同主体的神圣行为迫切需要一个交汇点，迫切需要一道跨越冷漠的门槛，从而找回它们之间失去的统一性。它们通过互换角色实现了这一点，但这其实仍然是分裂的。"因为，批评家成了'监护人'，为了模仿艺术家已经放弃的创造工作，不经意地取代了艺术家的地位，而已经没有创造能力的艺术家则以极大的热情献身于拯救工作，尽管不再有任何东西需要拯救。在以上两种情况中，创造和救赎都不再触及它们之间割舍不断、爱恨交织的印记。"[1]

在探讨复活之后的荣耀的身体的问题时，阿甘本从另外一个方面触及了这一问题。荣耀的身体的问题，也就是在天国中得到复活的身体的本质和特征问题，在宗教神学中是非常重要的部分，阿甘本以荣耀的身体为范式，探讨了人类身体的形象和可能的使用方式问题。荣耀的身体遭遇的最大挑战是生殖和抚育问题，因为在宗教传统中，复活的身体不再具有这些实际的功能，那么如何解释荣耀的身体还具有和这些功能相关的器官呢？在神学的阐释传统中，这些器官不可能是无用的、多余的，因为在完美人性的状态中，没有什么是多余的。阿奎那的策略是，使器官与其特定的生理功能区分开来，从而处于某种悬置状态，而悬置

---

1 阿甘本：《创造与救赎》，参见本书第12页。

的器官因而获得了一种新的功能,展示的功能,它展现了本身的善,也就是说,虽然每个器官有其生理功能,但生理功能没有实现并不意味着它没有用处了,它展示了原本具有的生理功能。阿甘本认为,正是在这里,身体的其他使用方式第一次得到了阐述,并因此提出了他关于去功用化(inoperosità)[1]的理论。"就像在广告和色情图片中,商业或身体的拟像只具有展示性而毫无实际用处,它们正是在这一点上施展了其诱惑力,因此,复活中被闲置的性器官将展现生育的潜能或善。荣耀的身体是明示的身体,它只具有展示性功能,而不具有实际功能。在这一意义上,荣耀是与无功用性(inoperosità)紧密联系在一起的。"[2]

基于荣耀的身体的这一悬置的、无功用性的器官,

---

[1] 阿甘本在本书的各章中频繁地使用了 inoperosità 一词,因为行文和语境的不同,我们分别译为去功用化、无功用性、无用、停歇和安歇,它都意指某物不再使用,某些行为不再发生,这和他所说的另一个词汇——悬置是对应的。在类似语境中,他还不夺替使用另一个词汇 neutralizzare,消解、中和,指对原有各种权力机制包括神学机制的消解。

[2] 阿甘本:《荣耀的身体》,参见本书第 175 页。

阿甘本探讨了身体的不同使用方式的可能性。他认为，悬置器官和工具并不意味着是用另一种方式使用这些器官或工具，相反，这表明它们的存在超出了任何可能的用途，也就是说，超出了原有的对立框架，并因此带来了消解这一异化的对立框架的可能性。"就像丢勒作品中散落在忧郁天使脚边的各种人类工具，也像孩子们游戏之后散落一地的玩具，脱离了使用功能的客体成了谜，甚至使人不安。同样，复活之人的身体中永不再使用的器官——即使它们展现了人类特有的生育功能——并不表现这些器官的其他用途。复活之人的明示的身体，不管它看上去多么真实和'有机'，其实外在于任何可能的用途。"[1] 在这里，阿甘本借鉴了哲学家阿尔弗雷德·佐恩-雷特尔关于"机器坏了的哲学"对去功用化问题进行了阐述。佐恩-雷特尔通

1　阿甘本：《荣耀的身体》，参见本书第176页。

过对那不勒斯渔民尽力驾驭小摩托艇、司机努力发动废旧汽车的观察，提出了一种关于技术的理论，他开玩笑地称之为"关于机器坏了的哲学"，也就是说，只有当某个机器坏了时，它才对那不勒斯人有用。他的意思是，那不勒斯人总是在技术工具和机器坏了的时候才开始使用它们。一个完整的运行良好的事物总是让那不勒斯人烦恼，因此他们总是回避它。并且，通过在合适的时机顺手做一些小的调整，那不勒斯人使他们的工具按照他们的意愿发挥作用。佐恩－雷特尔认为，这一行为包含了一种比我们日常的技术范式更高的范式：当人们能够对机器盲目、充满敌意的自动性提出反抗，并学会如何把它们应用到未知的领域和使用中去时，真正的技术才开始出现。他举的例子是卡普里岛大街上的一个年轻人把一个坏了的摩托引擎改装成了一个可以制作冰激凌的设备，在这个例子中，引擎继续转动，但完全基于新的欲望和新的需求。阿甘本认为,"无法使用(inoperosità)在这里不是停留于自身,而是成为一种敞开,成为一种'开门咒语',指向一种新的使用方式的可能性"[1]。

在荣耀的身体中,器官与其生理功能的分离第一次成为了可能,也就是说,对原有边界的悬置发生了,在这里原本可以打开对新的可能性的探索,但宗教神学却在此止步不前,它把这种分离移置于神圣领域,使其崇高化,而不朝向任何可能性。这就是阿甘本所说的,对非功用性(inoperosità)的展示被置换成了对上帝的无限崇拜。"在其位置上,我们找到的是荣耀,它被视为非功用性在特定领域的凸显。对器官脱离其生理功能的展示或空洞地重复其功能,这无非是为了显示上帝的荣耀,正如罗马凯旋中胜利的将军展示其武器和勋章,它们既是荣耀的象征,同时也是实

---

[1] 阿甘本:《荣耀的身体》,参见本书第178页。

现荣耀的方式。复活之人的性器官和肠道仅仅是神圣荣耀镌刻在其罩袍之上的秘密符号和象征花纹。"[1] 荣耀不过是在一个特殊领域（即宗教的神圣领域）把非功用性独立了出来，用这一方式，原本朝向一种新的使用方式的可能性，现在被转化成了一种永恒的姿态。阿甘本在此也对常见的编年史进行了批判，认为并不是宗教现象是起源，后来才出现了宗教的世俗化，而是教会和神职人员在某一时刻捕获了人类行为的某个方面，在这一时刻宗教介入进来，把悬置和失去功用的人类活动独立出来，移置到神圣领域。在这里，阿甘本借鉴了列维－斯特劳斯对宗教的解读，列维－斯特劳斯把我们常用的基本宗教概念解读为能指过剩，认为它们本身是空洞的，并因此可以负载各种象征性内容，也就是说具有"零度象征价值"的能指，对应于

---

[1] 阿甘本：《荣耀的身体》，参见本书第178页。

某些人类活动和客体，宗教通过仪式性机制使其悬置，把它们分离出来，并重新加以符码化。

宗教把这一悬置行为仪式化，使其变成一个静止的姿态，使其成为上帝的荣耀的象征，而阿甘本所提倡的去功用化则强调，这一悬置是一种敞开，它具有积极的意义，它停止了原有的行为或对立模式，使其失去效力，因而开启了新的可能性，但这种新的可能性不是对旧的对立的完全否定，而是对旧的对立的一种展示。"这里要做的是使任何朝向某个目的的行为实践变得无效，从而开启一种新的使用方式，这不是对旧的使用方式的废弃，而是始终立足于旧的使用方式并使它呈现出来。"[1]因此，赤裸的、单纯的人类身体在这里不是被移置于一个更崇高的实在领域；相反，它是从一种曾使它与自身相分离的巫术中解放了出来，

---

[1] 阿甘本：《荣耀的身体》，参见本书第182页。

第一次获得了通向自身真理的途径。这种使身体与自身相分离的巫术,也就是附加在身体上的各种边界及其机制,而悬置并展示这些机制,则是破除这些边界的一个切入口,是导向新的可能性的入口。因此,在阿甘本看来,真正的荣耀的身体不是他者更为机敏、优美,更具光辉和精神性的身体;它就是身体本身,"这时非功用性去除了身体上的魔咒,并使它朝向一种新的可能的公共用途"[1]。

在荣耀的身体中,神学阻碍了身体通向真理的途径,但神学也往往给我们提供了很多可能性范式,正如阿甘本所说的,"具有深厚神学渊源的分析往往是切中要害的"[2],他认为关键在于,既要在神学的复杂性中对问题进行思考,同时又要超越神学视野。阿甘本正是在犹太教传统中发掘出了悬置、停顿和非功用性

---

1 阿甘本:《荣耀的身体》,参见本书第184页。
2 阿甘本:《裸体》,参见本书第137页。

的神学范式。他认为在犹太教的安息日中,神圣的不是创造,而是所有工作的停顿。他引用了《圣经》中的两段话:"第七日,上帝完成了造物的工作,就在第七日放下一切工作安歇了。上帝赐福给第七日,定为圣日,因为上帝在这一日安歇,放下了创造万物的一切工作。"[1] "要谨记安息日,奉为圣日。六天要从事劳动,做一切工作。但第七天是耶和华你上帝所定的安息日。"[2] 在这里,以色列人庆祝安息日的情形被称为 menucha,阿甘本称之为安歇,即 inoperosità。安歇的不仅是世人,也包括上帝。犹太教传统界定了安息日不能从事的活动,它们广泛地包括生产和生活的整个领域,但阿甘本认为,这并不是说人们必须在安息日弃绝一切活动,问题的关键只在于这些活动是否以生产为目的。因此,在犹太教传统看来,不具建设性

---

[1]《圣经·创世记》(2: 2—3)。
[2]《圣经·出埃及记》(20: 8—10)。

含义的纯粹破坏性行动并不构成被禁止的行为,因此也不被视为是对安息日静养的一种违背。做饭和点火是禁止的,但节日大餐是可以的,也就是说,"界定庆典的安歇不是不活动和弃绝一切活动,而是敬奉一种特定的行为和生活模式"[1]。

这一节日范式的意义是什么呢?阿甘本认为,在当代生活中,我们尽管还在庆祝各种节日,但这一神学范式所包含的意义已经失落了,他从普鲁塔克在《宴饮问题》中记述的"驱逐贪食"的庆典仪式来追溯这一庆典模式的意义。他认为,在这一庆典仪式中,赶走象征"贪食"的奴隶,并不是为了安抚上帝,以便获得物质财富和丰盛食物,"因为被驱逐的不是饥饿和灾荒,而是'公牛般的饥饿':这一兽类的永不满足的进食"[2],因此,赶走"贪食的"奴隶意味着驱逐某种

---

[1] 阿甘本:《公牛般的饥饿》,参见本书第188页。
[2] 参见本书第190—191页。

形式的贪食（像野兽一样贪吃或狼吞虎咽，以满足某种从本质上来说永远无法满足的食欲），从而为另一种进食模式腾出空间，也就是说，使贪食失去作用。因此，在阿甘本看来，吃不再是某种被禁止的行为，它不再朝向某一目标，而是一种去功用化和安歇。

阿甘本认为，在现代语言中，古希腊术语"公牛般的饥饿"仍然在医学术语中保留着，它逐渐指代一种饮食方面的紊乱，20世纪70年代末以来，饮食紊乱已经在当代社会中成为一种常见现象。这一紊乱的症状典型地表现为反复地暴饮暴食，无法控制自己的食欲，并且在暴饮暴食后立即催吐，强行吐出吃下的东西。催吐，是指暴饮暴食症患者把手指伸到喉咙深处，或者通过服用催吐剂，把之前吃的东西强行吐出来。阿甘本认为，在暴饮暴食症研究的一开始，求助于催吐手段就被视为诊断这一病症的必要部分，尽管确实有一小部分病患没有发生过这一行为。催吐，这一看上去似乎与暴饮暴食完全相反的行为，为什么会被视为暴饮暴食症诊断一个必要的组成部分呢？阿甘本认为，催吐体现了某种净化功能，通过催吐，暴饮暴食症患者似乎消解了他们身上的公牛般的饥饿，从而用某种方式净化了自己，在这里，起作用的同样是悬置、去功用化和停歇机制。暴饮暴食症患者吃下食物后立即用催吐的方式吐出吃下的东西，同样是把动物性的饥饿吐出来，使其失去作用。

因此，阿甘本所提出的悬置、去功用化和停歇是指通过有意为之的停顿，使之前发生作用的机制展现出来，从而使这一机制失去作用。就像在安歇与安息日之间的关系问题上，"安歇既不是庆典日的结果也不是其前提（劳动的弃绝），而是与庆典性本身相吻合的，因为它恰恰使人类的姿态、行为和劳作中性化了，使其失去了作用"[1]。

---

[1] 阿甘本：《公牛般的饥饿》，参见本书第195本。

同时，这一停歇（inoperosità）不是简单的对之前的机制的弃绝，而是前者的完美实现，在阐述安息日、工作和安歇之间的接近关系和几乎相互的内在性问题时，阿甘本引述了拉什对《创世记》的评论，认为在安息的第七日，也有某种东西被创造出来，那就是工作的停顿、安歇本身。"甚至是工作的停歇也属于创造；它是上帝的劳作。但它是一种非常特殊的工作，因为它使所有的工作都失去了作用，使所有其他的工作都停歇了。"[1]原来可以做的事情现在不能做了，被从"现实生活"、从工作日界定它的理性和目标中解放了出来，暂时被悬置了，因此，"吃，不是为了果腹；穿，不是为了蔽体或防寒；醒来，不是为了工作；走路，不是为了去某个地方，说话，不是为了交流信息；交换物品，不是为了买卖"[2]。阿甘本认为，在某种程度上，每一个庆典日都包含了这一悬置因素，并主要地从

---

[1] 阿甘本：《公牛般的饥饿》，参见本书第197页。
[2] 参见本书第198页。

人们工作的停歇开始。通过这一方式，庆典揭示性地把自己表现为对现有价值和权力的一种消解。同样，阿甘本所论述的同时代人既依附于时代、又与其保持距离的关系也是这样一种悬置与消解的关系。"更确切而言，这种与时代的关系是通过脱节或时代错误而依附于时代的那种关系"[1]，也是一种悬置与去功用化关系。然而，正是通过这种断裂与时代错位，同时代人比其他人更能够感知和把握他们的时代。

在阿甘本这一关于悬置、去功用化和停歇的理论框架中，悬置和去功用化不是逆转和推翻现有的权力关系，而是使其体制机制呈现出来，对其进行反思，从而打开可能性空间。这与20世纪60年代意大利工人运动中的"拒绝劳动"这一思想传统有很大的关联，作为一个基本的口号，"拒绝劳动"不是像恩格斯所描

---

[1] 阿甘本：《何谓同时代人？》，参见本书第21页。

绘的那样，是工人自发地在生产线上捣毁机器，而是说拒绝在已确立的资本主义生产关系中劳动，通过这种拒绝和停止，来质疑现有的生产关系和体制，从而打开新的可能性。正像迈克尔·哈特教授在谈论当代对"非物质劳动"的颂扬时，认为我们对"非物质劳动"的积极性的肯定应当与"拒绝劳动"的传统联系起来，对非物质劳动的肯定不应当简单地混同于提倡回到工作中去，回到劳动中去，提倡享受工作，而是对现有劳动形式的拒绝。他认为，"任何对劳动的肯定首先都来自于60年代工人运动中'拒绝劳动'这一传统。激进工人总是试图超越工作，把自己从剥削和资本主义生产关系中解放出来"[1]。因此，与"拒绝劳动"联系在一起的实际上是对"真正的"劳动的一种重新确认和对日常异化体制的揭示。在写作于1965年的

---

[1] Paolo Virno & Michael Hardt, Edt., *Radical Thought in Italy*, University of Minnesota Press, 1996, p.6.

《拒绝的策略》一文中,马里奥·特龙蒂对当时这一思想作出了解释,认为"停止劳动意味着对资本的命令的拒绝,这里的资本是生产的组织者。停止劳动是在特定时刻说'不'的一种方式,是对于被设定的具体劳动的拒绝;是工作过程的暂时中断,作为一种持续的威胁,其内容来源于价值创造过程[1]"。"拒绝劳动"反对传统工会斗争模式,认为后者在资本主义框架内要求分享劳动成果,实质是对既有秩序的肯定,是现有秩序的积极参与者,而"拒绝劳动"则在资本主义生产中设置了一系列危机,危机的每一时刻都需要发挥策略性,以便为新的飞跃打开大门。

"拒绝劳动"的理念也是跟这一时期左翼特定的历史观联系在一起的,即他们所提出的自下而上的工人阶级史观(working class point of view)。也就是说,

---

1 Mario Tronti, "The Strategy of Refusal", http://libcom.org/library/strategy-refusal-mario-tronti.

工人阶级是创造历史的积极力量,工人阶级的斗争推动了资本主义的发展,资产阶级利用或者说收编了工人自发抵抗的力量,从而实现了资本主义的发展。从这一自下而上的历史观出发,这一时期的左翼知识分子从各个角度对资本主义制度进行了反思,比如对现有的自上而下的福利国家制度的反思等。[1] 这一自下而上的历史观也能为我们理解阿甘本的一些理论观点提供某些线索,例如在创造与救赎的问题上,他更强调救赎,因为救赎是托付给造物而不是造物主的任务。阿甘本通过考古学式的研究发现,在伊斯兰教和犹太教中,尽管拯救的工作在重要性上先于创造,但却被托付给一个造物。他认为,"这里真正让人惊奇的是,对创造的救赎不是被委托给了创造者(也不是委托给直接来源于创造性力量的天使),而是托付给了一个造

---

[1] Paolo Virno & Michael Hardt, Edt., *Radical Thought in Italy*, University of Minnesota Press, 1996, pp.81-95.

物。这意味着创造和救赎仍然是相异的,也就是说内在于我们的创造性原则并不能拯救我们所生产出来的东西。然而,可能拯救创造的或者说必须拯救创造的东西源自于这一原则,在地位和尊严上排在前面的实际上来源于在它之后的。"[1] 因此,拯救世界的将不是精神性的、天使的力量,而是更为谦卑的肉体性力量,人类作为造物拥有的力量。

三、潜能与拯救

阿甘本批评宗教把悬置和非功用性剥离出来,放到一个独立的神圣领域,使其静止化,"用这一方式,原本只是朝向一种新的使用方式的可能性,现在被转化成了一种永恒的姿态"[2],从而阻碍了向新的可能性的敞开。那么,这一新的可能性究竟是什么呢?阿甘本

---

1 阿甘本:《创造与救赎》,参见本书第8—9页。
2 阿甘本:《荣耀的身体》,参见本书第181页。

在不同的文章中用不同的概念来对此进行了探讨,但从未给出确定的答案。如果土地测量员质疑的那些边界和界线不再有效,那么"真实世界"又会发生什么呢?阿甘本只是提到,这就是土地测量员被允许惊鸿一瞥的东西,但语焉不详。在《论生活在幽灵中的利与不利》中,他也提到,了解威尼斯幽灵那些最隐秘和最为人熟知的事情的人,有可能在将来的某一天重新打开一个缺口,但只是简略地提及"历史以及生命正是在这一缺口中突然兑现了其承诺"。在《裸体》中,他也谈到,对裸体经验中美的祛魅,在某种程度上可以冲淡神学机制,使我们超越恩典的荣光和本性堕落的幻觉,看见一个单纯的、隐秘的人类身体。而在《公牛般的饥饿》中,阿甘本认为,在庆典中日常的人类活动被悬置和去功用化,"其目的不是要把这些行为神圣化,变得不可触及,而是相反,使它们朝向一种新的——或更古老的——符合安息日精神的可能用途"¹。但具体的可能用途从来没有在阿甘本的论述中出现过。而在《无人格的身份》中,阿甘本提出,我们必须为寻找人类的新形象做好准备,"这一新形象应该既超越个体认同又超越无人格的认同。或者说,我们必须寻找的可能只是活生生的人的形象,因为超越了面具的脸和超越了生物数据的脸是一样的。我们仍然没有尽力去看清楚这一形象,但对它的预感会突然惊醒我们,有时是在我们的困惑中或梦里,有时是在我们的无意识中或完全的清醒状态下"²。在《世界历史的最后一章》中,阿甘本甚至对这一突然闪现的新世界进行了质疑,正如他对无知领域所作的界定,"这里重要的不是一种秘密学说或高深的科学,也不是我们未知的某一知识。无知领域实际上可能并不包含任何特殊的东西,如果你朝里看,你仅仅能瞥见——当然

---

1 阿甘本:《公牛般的饥饿》,参见本书第201页。
2 阿甘本:《无人格的身份》,参见本书第101页。

这并不确定——一个破旧的雪橇,瞥见——当然这也不能确定——一个小女孩冒失的暗示,邀请我们跟她一起玩。也许无知领域根本不存在;存在的只是其姿态。"[1]

那么,如何理解阿甘本所说的这一姿态呢?在阿甘本看来,重要的不是未来新世界是什么样的,而是我们打断现状的行动和能力,是悬置和去功用化行为本身所包含的积极力量。这也就是他在分析何谓同时代人时所说的,同时代人是紧紧凝视自己的时代,以便感知时代的黑暗而不是其光芒的人,"感知这种黑暗并不是一种惰性或消极性,而是意味着一种行动和一种独特能力"[2]。那么,我们为什么要热衷于感知黑暗呢?阿甘本从当代的天体物理学对此作出了解释:我们所仰望的夜空群星璀璨,而围绕群星的是浓密的暗

---

1 阿甘本:《世界历史的最后一章》,参见本书第205—206页。
2 阿甘本:《何谓同时代人?》,参见本书第25页。

夜，但暗夜并不是虚空，它也是由光构成的。"在一个无限扩张的宇宙中，最远的星系以巨大的速度远离我们，因此，它们发出的光永远无法抵达地球。我们感知到的天空的黑暗，就是这种尽管奔我们而来但无法抵达的光，因为发光的星系以超光速离我们远去。"[1] 同时代人就是感知时代之黑暗的人，他将这种黑暗视为与己相关之物，视为永远吸引自己的某种事物。与任何光相比，黑暗更是直接而异乎寻常地指向他的某种事物。同时代人是那些双眸被源自他们生活时代的黑暗光束吸引的人，"在当下的黑暗中去感知这种力图抵达我们却又无法抵达的光，这就是同时代的含义"[2]。

暗夜不是光明的对立面，不是光的缺乏，而是尚未抵达的光，这种对黑暗的感知也与阿甘本对知识的理解联系在一起，阿甘本认为，我们对事物无知的方

---

[1] 阿甘本：《何谓同时代人？》，参见本书第26—27页。
[2] 参见本书第27页。

式可能和我们认识事物的方式同样重要,甚至更为重要,因为恰恰是我们对事物的无知界定了我们的认知范围,如果说人类在长期的历史中建立了知识的条件、范式和结构,并对知识进行了有效的传播,那么无知领域这一知识之外的暗夜,我们仍对它缺乏基本的认识,而阐明无知领域可能恰恰是构成我们所有知识的条件——同时也是其试金石。强调无知领域并不意味着要对其进行探索,正像阿甘本所说的,无知领域甚至可能并不包含任何特殊的东西,而是要在无知与知的这一关系中对知识领域进行重新思考,"它意味着使自己与无知保持一种正确的关系,使一种知识的缺场指导并伴随我们的举动,使一种顽固的沉默清晰地回应我们的言说"[1]。因此,生活的艺术就是在我们自身与逃离我们的事物之间保持一种恰当的关系,就像阿甘

---

1 阿甘本:《世界历史的最后一章》,参见本书第204页。

本最喜欢引用的跳舞的例子说明的那样，舞蹈既是对日常行走的一种消解，又展示了日常行走的机制，我们与无知领域的联系就像是一场舞蹈。

阿甘本也用这一关系来重新解释了潜能概念，潜能不仅仅是一种可以去做的能力，它同时也是一种可以不去做的能力，在结构上也是一种非潜能。"非潜能"在这里并不仅仅是指潜能的缺乏，没有能力去做，更重要的是指"有能力不去做"，可以不施展个人的潜能。阿甘本认为，正是一切潜能特有的这一矛盾——它总是一种在或不在、为或不为的权力——界定了人类的潜能。这就是说，人类作为以潜能方式存在的生物，有能力做某事，也有能力不做某事，能够有所为、有所不为。因此，"界定个人行动地位的，不仅是一个人的能力范围，而首要的是在与自身的可能性关系中使自己可以有所不为的能力"[1]。阿甘本

---

[1] 阿甘本：《论我们能不做什么》，参见本书第84页。

并因此对当代社会中的权力机制进行了批判,认为德勒兹所批判的权力只是把人与其所能隔离了开来,但当前所谓的"民主"权力更阴险的方式是将人与其所不能隔离了开来,导致无所不能概念的泛滥。"今天的人们被与其所不能完全隔离了开来,被剥夺了能够不做什么的体验,相信自己无所不能,于是他总是愉快地重复'没问题',不负责任地回答'我能行',而正是在这些时刻,他本应意识到自己其实已经对不在自己控制范围内的权力和过程束手无策了。不是对自己的能力盲目,而是对自己的无能盲目无知,不是对自己能够做什么盲目,而是对自己不能做什么,或者说,能够不做什么盲目无知。"[1] 而每个人可以胜任任何岗位的这种灵活性正是新自由主义资本本身的逻辑,它是今天的市场要求每个人都必须具备的首要品质,现在

---

[1] 阿甘本:《论我们能不做什么》,参见本书第84—85页。

被内化于每个个体的主体性中,成为日常行为的准则。

阿甘本认为,那些被与自己的所能隔离开的人,仍然可以做出抵抗,仍然可以有所不为。但那些与自己的非潜能隔离开的人,却因此丧失了抵抗能力。那么,除了与同时代保持距离,并死死地凝视时代的黑暗之外,如何实现拯救呢?在阿甘本看来,拯救的对象并不是创造出来的一切,不是被创造的存在,也不是潜能,因为潜能除了是对创造的消解外没有确切内容,而是把创造与潜能结合在一起的悬置行为本身,用阿甘本的话来说,就是通过悬置和去功用化,使创造与救赎的对立范式显示出来,这一显示既是对原有对立的悬置,也是一种开启,这一悬置、展示和开启本身构成了一个张力场域。这一场域的意义,正如他在探讨荣耀的身体时所说的,"身体的新的使用方式只有在以下条件中才是可能的,即把非功用性独立出来,成功地在一个位置、一个姿势中把机能的运行与非运行、实际的身体与荣耀的身体、功用及其悬置结合起来。生理机能、非功用性和新的使用方式共存于身体的某一张力领域中,无法脱离这一领域。这是因为非功用性不是惰性;相反,它使行为中已经表现出来的潜能呈现出来。它不是在非功用性中失效的潜能,而是已经铭刻在器官的机能运行中并已分离出来的目标和模式。正是这一潜能,才能造就具有新用途的器官,造就生理机能被悬置并失去作用的身体器官。"[1] 在论述创造与拯救的关系时,阿甘本使用的是新门槛这一意象:"造物和潜能现在都进入了一个新的门槛,在这里二者再也无法区分开来。这意味着当创造和拯救在无法拯救之物中重合时,人类和神圣行为的终极形象就出现了。因此,不可拯救之物,是指创造和救赎、行动和静观、运动和停顿每一时刻都并存于同一存在

---

[1] 阿甘本:《荣耀的身体》,参见本书第181—182页。

（或同一非存在）中，不留下任何剩余。"[1]在这里，拯救开启并"拯救"自身。当拯救把已经逝去的、无法忘怀的一切聚集于自身时，"这一工作本身也发生了变化。当然，它仍然是拯救，因为和创造相反，拯救是永恒的。尽管拯救比创造更持久，但它的迫切需求没有在拯救之物中耗尽，而是遗失在了不可拯救之物中。拯救诞生于行将迫近但没有实现的创造，终结于无法预测、不再有目标的救赎。"[2]正是因为没有目标，或者说取消了之前的目标，我们才可以说，一切皆有可能。作为一个激进理论家，阿甘本的意义不在于提供了一套替代方案，对未来的新世界提出了构想，他提供的只是反抗的策略，他的分析永远立足于此时此刻，就像同时代人死死地盯住自己时代的黑暗，阿甘本的意义就在于此。

---

1 阿甘本：《创造与救赎》，参见本书第15页。
2 参见本书第16页。

本书由10篇各自独立的论文构成,书名取自其中篇幅最长的第七篇《裸体》。各篇论文虽然各自独立,但都表达了阿甘本一直以来关注的问题,即对当代权力和权力机制的分析。阿甘本在本书中提出了悬置和去功用化概念,认为停止正在做的事情,使其去功用化,就会使发生作用的权力机制显露出来。从而打开一个切口,使我们构想一种新的可能性。阿甘本的这些抽象理念与1960年以来意大利的激进思想有着密切的关系,共同构成了当代激讲思想的来源。本书第二篇《何谓同时代人?》收录的是重庆师范大学历史与社会学院教授刘耀辉先生的译文,在此表示感谢。原书所引用的参考文献已经有中文版的,本书均参考了中文版译文,参见注释中的说明。本书所引用的《圣经》译文均来自2001年新世界译本中文版,特此说明。

(黄晓武)

第一篇　创造与救赎

1. 先知在西方历史中很早就消失了。如果说离开了先知犹太教就无法理解，如果说先知书无疑在《圣经》中占据了核心位置，那么，在犹太教中，同样很早就存在对先知的实践和时间框架进行限制的各种力量。因此，犹太教传统倾向于把先知现象局限于一个理想化的过去，它以公元前587年第一神殿的摧毁为终结。正如拉比们所教导的："在最后的先知——哈该、撒迦利

※ 本书意大利文页下注释为原书注，中文页下注释为译者注，特此说明。

亚、玛拉基死后，圣灵便离开了以色列，尽管天国的讯息继续通过圣音（bat kol）到达这里。"（bat kol，字面意思是"声音的女儿"，也就是口述传统，同时也包括对《托拉》（*Torah*）的评注和阐释。）基督教用同样的方式承认了先知的重要性，并且用先知的术语在《旧约》与《新约》之间建立起了联系。但是，由于弥赛亚降临人间并实现了承诺，先知就不再有存在的必要了，于是保罗、彼得和其同伴把自己当成了使徒（也就是"那些传播者"），而不再是先知。出于这一原因，在基督教传统中，那些自命为先知的人无疑会被正统用怀疑的眼光加以审视。因此，那些希望把自己与先知联系起来的人只能通过对《圣经》的阐释来实现这一点，用一种新的方式来解读它，或者恢复其失落的原初意义。在犹太教中，正如在基督教中一样，阐释学也取代了预言术；你只有通过阐释才能作出预言。

当然，先知并没有从西方文化中彻底消失。他分散地在各种伪装下继续从事这一工作，有时甚至超出了一般所理解的阐释学领域。因此，阿比·瓦尔堡把尼采和雅各布·布克哈特视作两种相反类型的先知：前者指向未来，而后者则朝向过去。同样，米歇尔·福柯在1984年2月1日的法兰西学院讲演中，区分了古代社会中四种类型的真理讲述者：先知、圣人、专家和说真话的人。在随后的讲座中，他力图追溯它们在现代哲学史中的继承人。但一般来讲，即使在今天，也没有人会在先知的位置上过得逍遥自在。

2. 众所周知，先知可能在伊斯兰教中扮演了一种更为重要的角色。它不仅包括通常经典上提到的先知，同时亚伯拉罕、摩西和耶稣也被称作先知。然而，即便在这一传统中，最伟大的先知穆罕默德也被认为是"先知之封印"，他无疑以他的书终结了先知的历史（即使在这里，预言术也通过对《可兰经》的评注和阐释秘密地延续下来）。

然而重要的是，伊斯兰传统也无法避免地将先知的形象和功能与真主的两大工作或行动中的一种联系了起来。根据这一教义，存在两种不同类型的工作或实践：创造与救赎（或命令）。先知与后一种工作联系在一起，他们作为末世救赎的中介而起作用。天使与前一种工作相对应；天使代表了创造（其中，天使易卜劣斯就是这一符码，在他拒绝崇拜亚当以前，尘世的王国原本是托付给他的）。沙赫拉斯塔尼写道："真主有两种形式的工作或实践：一种与他的创造有关，另一种则涉及他的命令……先知起到了确证命令的中介作用，而天使则起到了确证创造的中介作用。并且，由于命令比创造更高贵，因此命令的中介（也就是先知）比创造的中介更为高贵。"[1]

统一于真主的这两项工作在基督教神学的三位一

---

1 Muhammad ibn' Abd al-Karim Shahrastani, *livre des religions et des sects*, vol.2, trans. J. Jolivet and G. Monnot, Paris: Peeters/ Unesco, 1993, pp. 130-131.

体中，被分配给了两个不同的对象：圣父和圣子，万能的创造者和救赎者，上帝把他的力量倾注在了这两个形象中。然而在伊斯兰教传统中，具有决定意义的却是救赎先于创造，看起来在后的实际上却是在先的。救赎不是对堕落的造物的一种拯救，而是使创造变得更易理解，它赋予创造以意义。因此，在伊斯兰教中，先知之光被认为是所有存在中的第一道光（正如在犹太教传统中，弥赛亚的名字是先于世界被创造出来的，而在基督教中，尽管圣子是圣父所生，但他与圣父是一体的、同在的）。救赎作为对修复的一种迫切要求而出现，而在被创造出来的世界上，它先于任何恶行而出现，没有什么比这一事实更好地表达了救赎之于创造的优先性。《穆罕默德言行录》中记载，"当真主创造出天使后，天使们抬起头问道：'主啊，谁与你同在？'真主回答：'我与不义的受害者同在，直到他们的权利得到恢复'。"

3. 学者们已经对真主的这两项工作的意义进行了考察，它们只在《古兰经》的一句话中同时出现（"真的，创造和命令只归他主持"[1]）。一些阐释者认为，这句话阐述了一神论宗教中一种隐秘的矛盾，即把作为创造者的神和作为拯救者的神对立起来（或者说，在更强调这一对立的诺斯替和马西昂教派中，一个邪恶的造物主、一个世界的创造者对立于一个外在于这个世界的神，而拯救和救赎源自后者）。不管这两种工作的起源是什么，可以肯定的是，不只是在伊斯兰教中存在这一情况，即创造和救赎确立了神圣行为的两极。如果说上帝是人类借以思考其决定性问题的场所，那么可以说创造和救赎也是人类行为的两极。

因此，更有意思的是把这两项工作联系起来的它们之间的关系：它们既相互区别、相互对立，但又密

---

[1]《古兰经》，马坚译，中国社会科学出版社1981年版，第116页。

不可分。那些行动和生产的人同时必须保有和拯救他们的创造。光做是不够的，人们还必须懂得如何保存所做的一切。实际上，拯救先于创造；行动和生产的唯一合法性似乎来源于这样一种能力，即拯救已经做的和生产的一切。

在人类的每一种生存状况中，真正独特的是这两种工作无声的、不受外界影响的相互交织，是预言性词汇和创造性词汇极为密切而又断裂的展开过程，是天使的力量（借助它，我们不停地生产并向前看）和先知的力量（作为对创造所带来的进步的不停的再生、消解和阻碍，并用这种方式完成它并拯救它）极为密切而又断裂的展开过程。同样独特的，还有把这两种工作联系在一起的那一时间，以及创造先于救赎但在现实中后于救赎，正如救赎后于创造但在现实中先于创造的那一节奏。

4. 在伊斯兰教和犹太教中，拯救的工作——尽管在重要性上先于创造——都被托付给一个造物：先知或弥赛亚（在基督教中，这一观念被一个事实所证实，即尽管圣子与圣父是同体的，但他是由圣父所生的，虽然不是由他创造出来的）。上文引用的沙赫拉斯塔尼的话接下来实际上是这样说的："让人惊奇的是：精神性的存在（天使）尽管是直接从命令而来的，但它成了创造的中介，而肉体的造物（先知）成了命令的中介。"[1] 这里真正让人惊奇的是，对创造的救赎不是被委托给了创造者（也不是委托给直接来源于创造性力量的天使），而是托付给了一个造物。这意味着创造和救赎仍然是相异的，也就是说内在于我们的创造性原则并不能拯救我们所生产出来的东西。然而，可能拯救创造的或者说必须拯救创造的东西源自于这一原则。在地位和尊严上排在前面的实际上来源

---

1 Shahrastani, *livre des religions et des sects*, p.131.

于在它之后的。

这意味着拯救世界的将不是精神性的、天使的力量（这种力量在最终的分析中是恶魔般的），人们借助它生产出了他们的作品（不管是技术作品、艺术作品，还是战争与和平），而是更为谦卑的肉体性力量，人类作为造物拥有的力量。同时这也意味着，这两种力量在某种程度上在先知那里是重合的，也就是说拯救工作的监护人就其存在而言属于创造的行列。

5.在现代文化中，哲学和批评承继了先知的拯救工作（在神圣领域，这以前是被委托给注经者的）；诗歌、技术和艺术是天使的创造工作的继承者。然而，经由宗教传统的世俗化过程，这些领域逐渐失去了对之前把它们紧密联系在一起的那种关系的全部记忆。因此它们之间的关系现在表现出了一种复杂的、近于精神分裂症般的特征。过去，诗人知道如何叙述他的诗歌（正如但丁所说："这种理由以后可用散文来说明"[1]），而批评家也是诗人。但现在，批评家失去了与创造工作的联系，因此他通过装模作样地对诗歌作出评判来复仇，诗人也不再懂得如何拯救他的作品，并因此盲目地把自己托付给天使的轻浮来蔑视这种无能为力。实际上，看上去自主的、相互独立的这两种工作在现实中是同一神圣力量的两副面孔，它们在单个的存在中是相互吻合的，至少就先知而言。实际上，创造工作只是使自身脱离先知的拯救工作的一个火花，而拯救只是天使的自觉的创造工作的一个碎片。在促使他行动的那一冲动中，先知突然活生生地感受到了一种异样的迫切需要，这时候他就是天使。这就是为什么古代传记告诉我们柏拉图本质上是一个悲剧诗人，他在前往即将上演他的三部曲的剧场途中，突然听到苏格拉底的召唤，把自己的剧本付之一炬。

---

[1] 但丁：《新生》，钱鸿嘉译，上海译文出版社1993年版，第74页。

6. 正如天才（genio）和才能（talento）——从本质上来说是完全不同、甚至相互对立的——统一于诗人的创作中，创造和拯救就其代表了上帝的两种力量而言，仍然以某种方式隐秘地联系在一起。然而，最终决定作品地位的不是创造或才能的某一成果，而仍然是天才或拯救刻写于其上的印记。这一印记就是风格：抵抗和消解创造的相反的力量（如果存在的话）来自于内部，反旋律使灵感天使沉默不语。反之亦然，在先知的工作中，风格是创造——正是在被拯救的行动中——在拯救中留下的印记；创造正是以其晦暗不明、甚至可以说是傲慢，来抵抗自身的救赎，来追求停留在彻底的暗夜中，彻底成为创造性的，并用这种方式对思想施加影响。

一种与创造不存在某种本质性关联的批评或哲学注定是无意义的空谈，正如本身不包含一种批判性的迫切需求的艺术或诗歌注定会被遗忘。然而，今天，这两种被割裂为不同主体的神圣行为迫切需要一个交汇点，迫切需要一道跨越冷漠的门槛，从而找回它们之间失去的统一性。它们通过互换角色实现了这一点，但这其实仍然是分裂的。当诗歌与哲学之间的分裂第一次在我们的意识中被强烈地感受到时，荷尔德林（在给诺伊弗尔的一封信中）把哲学描述为"不幸的诗人可以有尊严地寻求庇护的医院"[1]。在我们这个时代，这所哲学医院已经关门了。批评家成了"监护人"，为了模仿艺术家已经放弃的创造工作，不经意地取代了艺术家的地位，而已经丧失创造能力的艺术家则以极大的热情献身于拯救工作，尽管不再有任何东西需要拯救。在以上两种情况中，创造和救赎都不再触及它们之间割舍不断、爱恨交织的印记。不署名，而且相互独立，它们使彼此置身于一面镜子前，再也无法在

---

[1] Fredric Holderlin, *Werke und Briefe*, vol.2, ed. F. Beissner and J. Schmidt, Frankfurt: Insel, 1969, p.880.

其中认清自己。

7. 把神的——以及人的——实践分成两种工作,这一区分有何意义?如果在最终的分析中,尽管这两种工作存在地位上的差异,但似乎都来源于同一领域或同一实体,那么,这种同一性是如何构建起来的?也许,唯一可以使它们再次回到共同根源的方法是这样一种思考,即把拯救视作天使遗留下来的未经实践的创造力量的一个方面,从而扭转拯救。正如潜能预见了行动并超越了行动,拯救也先于创造。然而,拯救只是一种潜能,用来创造行将发生的东西,用来开启并"拯救"自身。那么,在这一语境中,"拯救"意味着什么呢?毕竟,在创造中没有什么不是最终都注定是要失去的:不仅包括注定会失去和遗忘的记忆的每一刻——日常行为的各种细节、细微的感受,那些在脑海中一闪而过的东西,各种陈词滥调,所有这些都大大超出了记忆的范围,也不在拯救之列——也包括艺术作品和灵巧的设计作品，它们都是漫长的辛勤劳动的成果，它们也注定早晚会消失。

根据伊斯兰教传统，只关注创造的天使易卜劣斯，正是对着记忆之外的这些东西，对着这一堆混乱、没有形状、必须被遗忘东西，不停地哭泣。因为他不知道人们失去的东西实际上属于上帝，他不知道，当所有的创造被遗忘，当所有的符号和话语变得不可辨认时，拯救仍然是无法磨灭的。

8.什么是"得到拯救的"潜能？这一力量是不是处理（不处理）尚未成形的东西，并在其中耗尽自身，而不是在其中保存自己或停留（得到"拯救"）？在这里，拯救和创造完全重合了：拯救促成创造，伴随创造，同时又拆解创造、清除创造。在其与创造的难分难解的斗争中，不管是姿态还是话语、色彩还是质地、欲望还是凝视，没有什么不是拯救要中止和使其失去作用的。天使赋形、生产和呵护的一切，先知都使其回归未成形状态并加以凝视。它的眼睛观察到，那些得到拯救的东西终将失去。正如昔日的爱人忽然闪现在我们的脑海中，但前提是他或她并没有真正出现，而是变成了某个形象，因此，从最终的每个细节来说，创造就和非存在紧密地联系在了一起。

那么，在这里得到拯救的究竟是什么？不是被创造的存在，因为它失去了，它不得不失去；也不是潜能，因为它除了是对创造的消解外没有确切内容。相反，造物和潜能现在都进入了一个新的门槛，在这里二者再也无法区分开来。这意味着当创造和拯救在无法拯救之物中重合时，人类和神圣行为的终极形象就出现了。这种重合只有当先知没有什么可以拯救而天使也没有什么可以创造时才能实现。因此，不可拯救之物，是指创造和救赎、行动和静观、运动和停顿每一时刻都并存于同一存在（或同一非存在）中，不留下任何剩余。因此它就有了晦暗的光晕，像一颗离我们而去的行星,与我们拉开了距离,永不回头。

9.哭泣的天使把自己变成了先知,同时诗人为创造所作的悼词变成了批判性的预言,即哲学。但就在此刻——当拯救把已经逝去的、无法忘怀的一切聚集于自身时——这一工作本身也发生了变化。当然,它仍然是拯救,因为和创造相反,拯救是永恒的。尽管拯救比创造更持久,但它的迫切需要没有在拯救之物中耗尽,而是遗失在了不可拯救之物中。拯救诞生于行将迫近但没有实现的创造,终结于无法预测、不再有目标的救赎。

这就是为什么,对我们来说至高的知识总是来得太晚、对我们不再有任何用处的知识。这一比我们的劳作更持久的知识,是我们生命中最终的、最宝贵的果实,然而它对我们不再有用,就像我们即将要离开的那个国家,我们所有关于它的地理知识都不再有用。在人们学会怎样把他们最盛大的节日——永恒的安息日——奉献给这一至高知识之前，它仍然只与个体相关，是个体或急迫或安静地求助的对象。因此，我们得到的是这样一种奇怪的感觉：一方面是对这两种工作的最终的理解，另一方面是它们之间无法言明的区分，以及我们随之而来的无话可说。

第二篇　何谓同时代人？

1. 在这次研讨会开始之际，我想提出的问题是："我们与谁以及与什么事物同属一个时代？"首先，"同时代意味着什么？"在此次研讨会的过程中，我们会阅读一些文本，它们的作者有些生活在许多世纪之前，有些则比较晚近，甚至离我们非常近。不管怎样，我们在某种程度上成为了这些文本的同时代人，这才是根本性的。我们研讨会的"时间"是同时代性，因此，它要求与文本以及研讨会探讨的作者成为同时代的。从很大程度上而言，本次研讨会的成功与否，其衡量标准将是它——以及我们——符合这种苛求的能力。

尼采为我们探索上述问题的答案提供了一种最初的、暂时性的指示。在法兰西学院讲座的一则笔记中，罗兰·巴特对这个答案做出了概述："同时代就是不合时宜。"1874年，年轻的语言学者弗里德里希·尼采就已经在研究希腊文本——两年前，《悲剧的诞生》为他赢得了意想不到的声誉——这一年，他出版了《不合时宜的沉思》，在这部作品中，他试图与其生活的时代达成协议，并且就当前采取一种立场。"这沉思本身就是不合时宜的"，第二沉思的开头如此写道，"因为它试图将这个时代引以为傲的东西，即这个时代的历史文化，理解为一种疾病、一种无能和一种缺陷，因为我相信，我们都被历史的热病消耗殆尽，我们至少应该意识到这一点。"换句话说，尼采将他的"相关性"主张以及他的关于当前的"同时代性"，置入一种断裂和脱节之中。真正同时代的人，真正属于其时代的人，也是那些既不与时代完全一致,也不让自己适应时代要求的人。从这个意义上而言,他们就是不相关的。然而,正是因为这种状况,正是通过这种断裂与时代错位,他们比其他人更能够感知和把握他们自己的时代。

毫无疑问,这种不一致以及这种"时代紊乱"(discronia),并不意味着同时代就是指一个人生活在另一个时代,或者指人们在伯里克利的雅典或罗伯斯庇尔和萨德侯爵的巴黎,比在他们自己的城市和年代,更能感受到的一种乡愁。才智之士可能鄙视他的时代,但是他也明白,他属于这个时代,这是不可改变的,同时他也无法逃离自己的时代。

因此,同时代性就是指一种与自己时代的奇特关系,这种关系既依附于时代,同时又与它保持距离。更确切而言,这种与时代的关系是通过脱节或时代错误而依附于时代的那种关系。过于契合时代的人,在所有方面与时代完全联系在一起的人,并非同时代人,之所以如此，确切的原因在于，他们无法审视它；他们不能死死地凝视它。

2.1923年，奥西普·曼德尔施塔姆创作了一首题为《世纪》(*il secolo*)的诗（尽管俄语词 vek 也有"时代"或"年代"之意）。这首诗并没有思考世纪，而是思考诗人与其生活时代之间的关系，也就是说，思考同时代性。依照诗歌第一句的说法，不是"世纪"，而是"我的世纪"或"我的年代"(vek moi)：

> 我的世纪，我的野兽，谁能设法
> 注视你的双眸
> 用他自身的鲜血，粘合
> 两个世纪的椎骨？

必须以生命换取自己的同时代性的诗人，也必须坚定地凝视世纪野兽的双眼，必须以自己的鲜血来粘合破碎的时代脊骨。正如前面所暗示的，两个世纪和两个时代不仅仅指19世纪和20世纪，更确切而言，也指个人一生的时间（需要记住的是，saeculum一词最初意指个人的一生），以及我们在这里称为20世纪的集体的历史时期。我们在诗节最后一句会了解到，这个时代的脊骨已经破碎。就其是同时代人而言，诗人就是这种破裂，也是阻止时代自我组建之物，同时又是必须缝合这种裂口或伤口的鲜血。一方面，时代与生物脊骨并列，另一方面，时代与年代脊骨并置，这两者是这首诗的核心主题之一：

> 只要生物存在
> 就得长有脊骨，
> 宛如滚滚波涛
> 沿无形的脊骨推进。
> 犹如孩童脆弱的软骨，

新生大地的世纪。

与上述主题一样,另一个重要主题也是同时代性的一种形象,即时代脊骨的破碎与弥合,这两者都是一个个体(这里指诗人)的工作:

为世纪挣脱束缚

以开启全新世界

必须用长笛连接

所有多节之日的节点。

这是一项不可能完成的工作,或者说,无论如何是自相矛盾的工作,接下来诗人用以作结的诗节证明了这一点。不但时代野兽折断了脊骨,而且 vek,即新生时代,也意欲回首(对于折断脊骨的人来说,这是一个不可能完成的姿态),以便凝视自己的足迹,并

以此展现自己疯狂的面容:

> 可你的脊骨已经破碎
> 哦,我那奇异而悲惨的世纪。
> 毫无感觉的微笑
> 像一度灵巧的野兽
> 你回首,虚弱而凶残
> 凝视着自己的足迹。

3. 诗人——同时代人——必须坚定地凝视自己的时代。那么,观察自己时代的人到底看到了什么呢?他的时代的面容上这种疯狂的露齿一笑又是什么呢?现在,我打算提出同时代性的第二种定义:同时代人是紧紧凝视自己时代的人,以便感知时代的黑暗而不是其光芒的人。对于那些经历过同时代性的人来说,所有的时代都是黯淡的。同时代人就是那些知道如何观察这种黯淡的人,他能够用笔探究当下的晦暗,从而进行书写。那么,"观察黯淡"、"感知黑暗"又意味着什么呢?

视觉神经生理学提供了一个初步的答案。当我们身处黑暗之中或我们闭上双眼时,会发生什么呢?我们看到的黑暗又是什么呢?神经生理学告诉我们,光的缺席会刺激视网膜上被称为"制性细胞"(off-cells)的一系列外围细胞。这些细胞一旦受到刺激,就会产生我们称作黑暗的特殊视觉。因此,黑暗不是一个否定性概念(光的缺席,或某种非视觉的东西),而是"制性细胞"活动的结果,是我们视网膜的产物。这意味着——如果我们现在回到同时代性的黑暗这个主题——感知这种黑暗并不是一种惰性或消极性,而是意味着一种行动和一种独特能力。对我们而言,这种能力意味着中和时代之光,以便发现它的黯淡、它那特殊的黑暗,这些与那些光是密不可分的。

能够自称同时代人的那些人，是不允许自己被世纪之光蒙蔽的人，因此，他们能够瞥见那些光中的阴影，能够瞥见光中隐秘的晦暗。说了这么多之后，我们还没有提出我们的问题。我们为什么要热衷于感知时代散发出来的晦暗呢？难道黑暗不正是一种无名的经验（从定义上而言是难以理解的）？不正是某种并非指向我们从而与我们无关的事物？相反，同时代人就是感知时代之黑暗的人，他将这种黑暗视为与己相关之物，视为永远吸引自己的某种事物。与任何光相比，黑暗更是直接而异乎寻常地指向他的某种事物。同时代人是那些双眸被源自他们生活时代的黑暗光束所吸引的人。

4.我们仰望夜空，群星璀璨，它们为浓密的黑暗所环绕。由于宇宙中星系和发光体的数量几近无限多，因此，根据科学家的说法，我们在夜空中看见的黑暗就需要得到解释。我现在打算讨论的，正是当代天体物理学对这种黑暗做出的解释。在一个无限扩张的宇宙中,最远的星系以巨大的速度远离我们,因此,它们发出的光也就永远无法抵达地球。我们感知到的天空的黑暗,就是这种尽管奔我们而来但无法抵达我们的光,因为发光的星系以超光速离我们远去。

在当下的黑暗中去感知这种力图抵达我们却又无法抵达的光,这就是同时代的含义。因此,同时代人是罕见的。正因为这个原因,成为同时代人,首先是勇气问题,因为这意味着不但要能够坚定地凝视时代的黑暗,也要能够感知黑暗中的光——尽管它奔我们而来,但无疑在离我们远去。换句话说,就像准时赴一场必然会错过的约会。

以上解释了为什么同时代性感知到的当下已经折断了脊骨。事实上,我们的时代——即当下——不仅仅是最遥远的:它无论如何都不可能抵达我们。它的脊骨已经折断,而我们发现自己刚好处于断裂点上。

这就是为何我们无论如何都是同时代人的原因。意识到这一点很重要,即上述同时代性中的那场约会并不仅仅按照编年时间发生:它在编年时间中活动,驱策、逼迫并改变编年时间。这种驱策就是不合时宜,就是时代误置,它允许我们以"太早"也即"太迟"、"已经"也即"尚未"的形式来把握我们的时代。此外,它也允许我们识别当下晦暗中的光,这种光不断奔我们而来,但永远无法照射到我们。

5. 我们称为同时代性的特殊的时间经历,其绝佳的例子就是时尚。我们可以这么界定时尚:它把一种特殊的非连续性引入时间,这种非连续性根据相关性或不相关性、流行或不再流行来划分时间。这种停顿可能非常微妙,就那些需要准确无误地记载它的人而言,它是值得关注的;通过这么做,这些人也证明了自己处于时尚之中。但是,如果我们想在编年时间中明确确定这种停顿的话,它显示自己是无法把握的。

首先,时尚的"现在",即它形成的瞬间,是无法用任何计时器来确定的。这种"现在"是时尚设计师想到一个大致概念、想到那种规定新款时装的微妙之处的那一刻吗?或者说,它是指时尚设计师将他的想法传达给助手、然后再传达给缝制时装样品的裁缝的那一刻吗?或者说,它是指时装模特——这些人始终以及仅仅处于时尚中,也正因为这个原因,他们从未真正处于时尚之中——身穿这些服装进行展示的时刻吗?因为就最后一种状况而言,时尚"风格"中的存在将取决于如下事实,即现实中的人们而不是模特(他们是一位无形的上帝的祭品)将认识到这一点,然后购买那种风格的服装。

因此,从构成上而言,时尚时间先于自身,不过从结果而言,它总是太迟。它总是处于"尚未"与"不再"之间,这是一种难以把握的界限。正如神学家所暗示的,很有可能的是,这种并列取决于如下事实,即至少就我们的文化而言,时尚是神学意义上的服装标志,它来自亚当和夏娃犯下原罪之后缝制的第一件衣物——以无花果树叶编织的缠腰带。(确切而言,我们穿的衣服并非源自这种植物编织的腰带,而是来源于tunicae␣pelliceae,即动物皮毛制成的衣服,根据《圣经·创世记》[3:21]的说法,上帝在把我们的祖先逐出伊甸园时,给了他们这些衣服,作为罪与死的有形符号。)无论如何,不管出于何种原因,时尚的这种"现在"、这种全新时代性(kairos)是无法把握的:"我此刻处在时尚中",这句话是自相矛盾的,因为主体在宣告之际,就已经处在时尚之外了。因此,就像同时代性那样,身处时尚之中也需要某种"闲适",某种不协调或过时的品性,在这种品性中,人们的相关性在其自身内部包含了小部分外在之物,一种不合时宜的、过时的阴影。正是在这一意义上,人们在谈到19世纪巴黎的一位优雅女士时,说道:"她是每一个人的同时代人。"

时尚的暂时性还有另外一个特征,这个特征让它与同时代性联系在一起。通过采用当下根据"不再"和"尚未"来划分时间的相同姿态,时尚也与那些"其他时间"建立起了特殊的联系——毫无疑问,与过去,或许也与未来的联系。因此,时尚可以"引用"过去的任何时刻(1920年代,1970年代,以及新古典主义或帝国风格),从而再次让过去的时刻变得相关。因此,它能够再次连接被它冷酷分开的事物——回想、重新召唤以及恢复它早就宣称死亡之物的生命。

6. 这种与过去的特殊关联还有另外一个特征。尤其是通过突出当下的古老(arcaico),同时代性嵌入到当下。在最近和晚近时代中感知到古老的标志和印记的人,才可能是同时代人。"古老的"意思接近 arché,即起源。不过,起源不仅仅位于年代顺序的过去之中:它与历史的生成是同时代的,并且在其中不停歇地活动，就像胚胎在成熟机体的组织中不断活动，或者孩童在成人的精神生活中那样。这种远离（scarto）和接近（vicinanza）界定了同时代性，它们的基础在于临近起源，而起源在当下的搏动是最强劲有力的。破晓时分越洋而来者，不管是谁，当他首次看见纽约的摩天大楼时，立刻感觉到当下的这种古老面容，不受时间影响的"9·11"意象，已经明确地向所有人展示了这种与废墟为邻的情形。

文学和艺术史家都知道，古代与现代之间存在着一种隐秘的亲缘关系，之所以如此，与其说是因为古老的形式似乎对当下施加了特别的魔力，不如说是因为开启现代之门的钥匙隐藏在远古和史前。因此，衰落中的古代世界转向原始时代，以便重新发现自我。先锋派——它在时间的流逝中迷失了自我——也在追求原始和古老。正是在这个意义上，我们可以说，当下的进入点必然采取考古学的形式；然而，这种考古学并不是要回归到历史上的过去,而是要返回到我们在当下绝对无法亲身经历的那部分(过去)。因此,未经历的被不断回溯到起源,尽管它永远无法抵达那里。当下无非就是一切经历过的事物中这种未被经历的元素。阻止我们进入当下的,正是——出于某种原因(它的创伤特征以及它那过度的接近)——我们无法经历的大量事物。对这种"未被经历之物"的关注,就是同时代人的生活。从这个意义上而言,成为同时代人也就意味着回归到我们从未身处其中的当下。

7. 那些一直试图思考同时代性的人,只有将它分割为几个时期,并且将一种根本的非同质性引入时间,才能做到这一点。那些谈论"我的时代"的人,事实上也在分割时间:他们把一种停顿和一种断裂嵌入时间之中。不过,正是通过这种停顿,通过把当下植入线性时间了无生机的同质性之中,同时代人才得以在不同时代之间建立起一种特殊关系。正如我们前面所了解的,如果说同时代人折断了时代的脊骨(或者说,他在其中发现了断层线和断点),那么,他也让这种断裂成为时代与世代之间的汇聚点或邂逅之处。这种情形的范例是保罗,他经验卓越的同时代性,并向他的兄弟宣扬它,称其为弥赛亚时刻,即与弥赛亚同时代,他确切地称之为"现在时代"(ho nyn kairos)。这个时间不但在编年史上是不确定的(预示着世界末日的基督再临是确定的和即将来临的,尽管无法计算出一个准确时刻),同时,它还具备独特的能力:把过去的每一时刻与自身直接联系起来,让《圣经》所记载的历史上的每一时刻或事件成为当下的某种预言或预示(保罗喜好的术语是typos,即形象)——因此,亚当(人类因他而承担了死和罪)就是给人类带来救赎与生命的弥赛亚的"范型"或形象。

这意味着,同时代人不仅仅是指那些感知当下黑暗、领会那注定无法抵达之光的人,同时也是划分和植入时间、有能力改变时间并把它与其他时间联系起来的人。他能够以出乎意料的方式阅读历史，并且根据某种必要性来"引证它"，这种必要性无论如何都不是来自他的意志，而是来自他不得不做出回应的某种紧迫性。就好像这种无形之光——即当下的黑暗——把自己的阴影投射到过去，在这种阴影的触碰下，过去也就获得一种能力来回应现在的黑暗。米歇尔·福柯曾经写道，他对过去的历史研究只不过是他对当下的理论探究投下的影子而已，此时，他所想到的，或许就是上述句子的一些内容。同样，瓦尔特·本雅明也写道，过去的意象中包含的历史索引表明，这些意象只有在其历史的确定时刻才是可以理解的。这次研讨会的成败，取决于我们应对这种紧迫性和这种阴影的能力，以及不仅仅成为我们的世纪和"现在"的同时代人，也成为它们在过去文本和文献中的形象的同时代人的能力。

第三篇 K

诬陷者

1. 在罗马诉讼中，公诉所起的作用是极其有限的，因此对司法系统来说，诬陷代表了一种巨大的威胁，以至于诬陷者要受到这样的惩罚，在他的额头刻上大写字母 K（拉丁文"诬陷者"［kalumniator］的首字母）。戴维·斯蒂米利指出了这一点对解释卡夫卡的小说《诉讼》的重要性，小说一开始就确定无疑地表示这是一起恶意诬陷案。（"一定有人诬告了约瑟夫·K，因为一天早晨他没干什么坏事就被捕了。"[1] 斯蒂米利提醒我们，卡夫卡在准备从事法律职业时研究过罗马法律史，因此 K 代表的不是"卡夫卡"，而是诬陷（这一观点最早可以追溯到马克斯·布罗德）。

2. 诬陷是整部小说的关键——它可能也是整个卡夫卡世界的关键，它深深地烙上了法的神秘力量的印记——如果我们注意到以下这一点，它无疑将更具启发性：当字母 K 不再仅仅指诬陷（kalumnia），而是指诬陷者（kalumniator），这只能意味着诬陷者成了这部小说的主人公，他发起了一场针对自己的诉讼。"有人"用诬陷的方式发起了这场诉讼，这个人就是约瑟夫·K 自己。

这无疑是对这部小说的仔细阅读展现给我们的。即使一开始 K 就知道，没有办法确定他是否被控告了

---

[1] 卡夫卡：《诉讼》，张荣昌译，上海三联书店 2012 年版，第 1 页。

("我不知道,您是不是被人控告了。"监察员在他们的第一次会面中这样告诉K[1]),并且他的"被逮捕"并没有给他的生活带来任何影响,但他仍然想方设法刺探法院各个办公室的情况(它们实际上不过是阁楼、储藏室和洗衣房,只是在他的审视下才变成了法庭),并鼓动连法官们都似乎不太感兴趣的一桩诉讼案。这甚至不是一桩真正的诉讼,它只有在K认为存在时才存在,这是K自己在第一次审讯中急于向预审法官承认的。他毫不犹豫地把自己交给了法庭,即使法庭还没有被召集起来,正是在这一刻,他毫无必要地承认自己被人控告了。同样,在与比尔斯特纳小姐的谈话中,他也毫不犹豫地向她建议,应当诬陷他冒犯了她(他因此在某种意义上是自我诬陷者)。最后,监狱牧师在大教堂中作为与他的长谈的结束语告诉他:"法院

---

[1] 卡夫卡:《诉讼》,"我压根儿不能告诉您,说是您被人控告了,或者更确切地说,我不知道,您是不是被人控告了。"张荣昌译,上海三联书店2012年版,第10页。

对你没有任何要求。你来它就接待你，你走它就让你走。"[1]换句话说，"法院不控告你，它只是收集你提起的针对自己的各项控诉"。

3. 每个人都提起了一场针对自己的诬陷案。这是卡夫卡的出发点。因此，他的世界不是悲剧性的而是喜剧性的：罪行并不存在——或者说，罪行不过是自我诬陷，即用莫须有的罪名来控告自己（也就是说，用自己的清白来控告自己，这是最具喜剧性的姿态）。

这和卡夫卡在别的地方阐述过的原则是一致的，也就是说："原罪，人类犯下的古老的过失，是由他不停地提起的控诉构成的：他遭受了不公，他承受了原罪。"就诬陷案而言，罪行并不是控诉的缘由，而是控诉本身。

事实上，诬陷只是在诬陷者确信被告是清白的

---

[1] 卡夫卡：《诉讼》，张荣昌译，上海三联书店2012年版，第183页。

这一情况下才发生，只有在他提起诉讼却不伴随相应确定罪行的情况下才发生。在自我诬陷案中，这一罪行既是必须的，又是不可能的。被告既然是一个自我诬陷者，他就完全清楚自己的清白，但既然对自己提起了诉讼，他同样也明白自己犯有诬陷罪，应当受到惩罚。这就是卡夫卡境遇的绝佳写照。但是为什么K——每个人——要诬陷自己呢？

4. 罗马法学家把诬陷视作是一种误入歧途的控诉（他们使用的是"轻率"［temeritas］词，来源于 temere，即"盲目地、随意地"，后者在词源上和"黑暗"［tenebra］有关）。蒙森注意到，动词控诉（accusare）似乎并不来源于法律术语，在最古老的一些证明材料（比如普劳图斯和泰伦斯的作品）中，它是在伦理而不是在法律意义上使用的。但正是由于它在法的领域中微不足道，控诉才显示出了它的绝对重要性。

罗马诉讼是以递交诉讼名单（nominis delatio）开始的，即在控诉人的要求下，把被告的名字刻写在被告人名单上。控诉（accusare）从词源上来源于 causa，意思是"提起诉讼"。从某种程度上说，causa 是最基本的法律术语，因为它命名的是已经包含在法的领域中的事物（正如 res 意指的是已经包含在语言学中的事物一样）。Causa 指向司法语境中那些基础性的东西。从这个视角来看的话，Causa 和 res（在拉丁语中它的意思是"事、事物"）之间的关系颇具启发性。它们都属于法律词汇，表明了诉讼（或司法关系）中正在讨论的问题。然而，在罗马语中，Causa 逐渐取代了 res，后来，当 causa 在代数学中代表未知数后（正如在法语中，res 只以 rien 的形式存在，指"无"），它逐渐让位于 cosa（即意大利语中的"物"，法语中的 chose）。Cosa，这一完全中立的普通词汇，在现实中，逐渐指代"什么事物"，在法律（和语言）中指代什么是重要的。

这表明诬陷的重要性在于能对诉讼的这一原则进行质疑：即提起诉讼的那一刻。毕竟，界定诉讼的不是罪行（在古代法中它不是必需的），也不是惩罚，而是起诉。实际上，起诉可能是最完美的司法"范畴"（在古希腊语中，kategoria 的意思就是"起诉"），没有它，法的整个殿堂就会轰然倒塌：在法的领域对存在提起诉讼。因此，法从本质上来说就是一起诉讼或一个"范畴"。当存在在法的领域遭到起诉或被"控告"时，它就失去了自己的清白；它成为一个"物"，这就是案子：诉讼的对象。（因此，对罗马人来说，causa, res 和 lis 都是同义词。）

5. 在卡夫卡与法的不懈斗争中，自我诬陷是他的策略之一。首先，它质疑了罪行，或者更准确地说，它对无罪就不能惩罚这一原则提出了质疑。同样，它还质疑了起诉，因为起诉立足于罪行（我们可以给布罗德的胡扯增加新的一条：卡夫卡关心的不是宽恕，而是控诉，二者是截然相反的）。"一个人平白无故怎么会有罪呢？"约瑟夫·K问监狱牧师，牧师似乎也同意K的观点，他说判决并不存在，"诉讼程序渐渐转入判决"[1]。一个现代法学家在谈到诉讼的神秘性时，用同样的方式写道，罪刑法定原则（nulla poena sine iudicio）被颠倒了，成为了一种黑暗法则，从这一原则出发，没有审判不伴随惩罚，因为一切惩罚都在审判过程中。这就是卡尔叔叔对K说的："打这样一场官司，意味着已经输掉了这场官司。"[2]

这一点在自我诬陷案和一般的诬陷案中是显而易见的。诬陷案是这样一种诉讼，它没有对象，这里被起诉的是起诉本身。当罪行是由展开的诉讼过程本身构成的时，判决就只能是诉讼本身。

6. 在诬陷之外，罗马法学家也完全清楚诉讼

---

[1] 卡夫卡：《诉讼》，张荣昌译，上海三联书店2012年版，第174页。
[2] 同上书，第76页。

的另外两个"黑暗面":原告与被告之间的串通(praevaricatio,这和诬陷是完全相反的),以及诉讼的撤销(tergiversatio,对罗马人来说,战争和诉讼之间存在着一种相似性,诉讼的撤销也是背信弃义的一种形式——tergiversare最早指的是"背弃某事")。

约瑟夫·K犯了以下三种罪:首先是诬陷自己;其次,作为一个自我诬陷者,他与自己串通;再次,他不赞同自己提起的诉讼(在这一意义上,他"背信弃义"了,他推诿责任、寻找借口拖延时间)。

7. 这样,我们就明白了自我诬陷作为一种策略的巧妙性,它力图消解法律对存在者提出的控诉,使其失去效力。假如控诉是错误的,并且,假如原告和被告串通一气,那么,法的领域中人的基本含义在这里就成了问题。因此,在法律(以及代表它的各种权力:例如,父权或夫权)面前证明一个人清白的唯一方式,就是对自己提出虚假控诉。

在与权威的斗争中，诬陷可以作为一种防御性策略，这一点在另一个K——小说《城堡》的主人公——那里得到了明确的阐述。"这就会是一种比较无辜、说到底也是软弱无力的自卫手段。"[1]卡夫卡实际上非常清楚这一策略的不足，因为法对它的回应是把控诉本身变成罪行，把自我诬陷当成它的基础。一旦法认出，诉讼是毫无根据的，它就会对这一诉讼进行判定，同时把自我诬陷者的说辞变成永久的自我辩解。由于人类不停地诬陷自己，像其他生物一样，法（也就是诉讼）因此就是必须的，以便衡量哪些控诉是毫无根据的，哪些是有根据的。用这一方式，法就能找到自我辩解，把自己表现为抵抗人类自我诬陷的精神错乱的堡垒（在某种程度上，它确实扮演了这样的角色，比如在对待宗教方面）。即使人类总是清白

---

[1] 卡夫卡:《城堡》，张荣昌译，上海三联书店2012年版，第251页。

的,即使没有一个普通人可以被当成是有罪的,自我诬陷仍将是一种原罪,是人类向自身提出的毫无根据的控诉。

8. 在自我诬陷和认罪之间作出区分是非常重要的。莱尼试图劝说K认罪,告诉他"只有这样,您才有可能溜脱"[1],但K毫不犹豫地拒绝了她的建议。并且,在某种程度上,整个诉讼的目的就是导致这样一种认罪,在罗马法中这已经被视作某种类型的自我判决。有一句法律谚语是这么说的,认罪之人已经得到了审判(confessus pro iudicato)。认罪与自我判决之间的等同已经由罗马最权威的法学家毫无保留地证实了:即每一个认罪者都对自己作出了审判。但任何诬陷自己的人——就其已经遭到起诉而言——必须因此面对认罪的不可能性,法庭只有在承认他作为被告的清白时才

---

[1] 卡夫卡:《诉讼》,张荣昌译,上海三联书店2012年版,第86页。

能判定他的原告身份。

因此,K的策略可以更准确地界定为是一种失败的努力,力图使认罪(而不是诉讼)成为不可能。此外,正如卡夫卡在1920年的一个作品中说过的一段话:"承认自己的罪行和撒谎是一回事。为了认罪,人们开始撒谎。"因此,卡夫卡似乎把自己嵌入了一个完全拒绝认罪的传统中,这一传统源自西塞罗,他认为认罪是"令人厌恶的、危险的",也延续到普鲁斯特,后者坦率地提出:"永远不要认罪。"这和犹太—基督教文化中所珍视的倾向是完全相反的。

9. 在认罪史上,认罪与刑讯之间的关系是非常重要的,卡夫卡不可能忽视这一联系。尽管在共和国时代,法律有保留地把认罪当作保护被告的一种方式,然而在帝国时代,审判程序包括对被告及其奴隶的折磨,以迫使他们认罪,当然首先是针对反抗君权的各种犯罪(包括密谋、背叛、串通或对君主的不敬),但同时也针对通奸、妖术、非法占卜等罪行。"夺取真相"(veritatem eruere)是新的司法原理格言,它通过把认罪和真相紧密地结合起来,使刑讯(在叛国罪中甚至成为证据)成为了最好的检验工具。因此,在司法来源中,刑讯代表了拷问:刑讯是对真相的拷问(quaestio veritatis),这也是它在中世纪的宗教审判中被采用的方式。

在被带入法庭后,被告经历了最初的审问过程。经过最初的犹豫和矛盾,或者仅仅因为被告宣称自己是清白的,法官就开始下令动用刑讯。被告被反绑在刑架上(刑架,即意大利语中的cavalletto或拉丁文中的eculeus,原指小马,这跟德语中的刑讯一词是相关的,德语中的刑讯[Folter]一词来源于[Fohlen],即小马),胳膊被反绑着吊起来,双手被绳索捆紧,绳索的一端连着一个滑轮,这样行刑者(quaestionarius, tortor)拉动绳子可以造成锁骨错位。这是审讯的第一阶段,刑讯一词就来源于此它来源于拉丁语的 torqueo,即"使劲扭或拧直至粉碎"),接下来还有鞭笞,用铁钩或铁耙拷打。探求真相的过程是如此顽强,以至于刑讯可以延续好几天,直至被告最后认罪。

随着刑讯的广泛使用,认罪本身开始内化:从行刑者依靠暴力获得的真相,变成主体受自身意识驱使主动承认的东西。资料记载有这样一些令人称奇的案例,有人没有被控告却主动认罪了,还有人在法庭宣布无罪释放之后认罪了。但即使在这些案例中,认罪——就其是"良知之声"而言——无疑具有验证的价值,包含了对认罪者的判决。

10. 正是刑讯和真相之间的这种首要联系吸引了卡夫卡近乎病态的关注。在1920年11月致密伦娜·耶辛斯卡的一封信中,卡夫卡写道:"是的,刑罚对我来讲特别重要,我所干的事情无非是受刑和施刑。为什么呢?……为了要从这该死的嘴里挖出那该死的话来。"[1] 两个月前，他在信中附了一张小纸条，上面画了他自己发明的刑具，他解释这个东西的作用是："这个人被这样固定后，人们就慢慢地继续往外扳这几根棍子，直至这个人从中间裂为两截。"[2] 刑讯可以用来获取供词，卡夫卡在数天前就作出过这一论断，当时他把自己的处境比作脑袋被刑具夹住，两边太阳穴上对着两个螺丝钉："区别仅在于……我已经有经验，不是等人们拧紧螺丝逼供才大声叫喊，而是当人们把虎钳拿出来就开始叫喊，在远处有动静时就开始叫喊。"[3]

卡夫卡对刑讯的这种兴趣不是一时的，我们可以从他1914年写作的小说《在流放地》中得到证实，这篇小说是他在写作《诉讼》间隙创作的。"前任司令官"发明的"机器"实际上既是一种刑具，也是执行死刑

---

1 卡夫卡：《致密伦娜情书》，叶廷芳、黎奇译，《卡夫卡全集》第9卷，中央编译出版社2015年版，第343页。
2 同上书，第334页。
3 同上书，第331页。

的一种工具。(军官自己承认了这一点,在预料到可能的反对意见时,他说:"在我们国家只是在中世纪才有酷刑。"[1])正因为它结合了这两种功能,由这一机器执行的惩罚才与对真相的拷问紧密结合在一起,其中,真相的发现这一重任不是交给了法官,而是交给了被告,他通过辨认耙子刻在自己身上的字迹来完成这一点:

> 连最愚笨的人也茅塞顿开。这个过程从眼角开始。它从这儿扩张开去。这样一种景象,它简直可以诱惑我们也一同躺到靶子下面去。这时不再发生什么新的情况,这个人只不过就是开始辨认得出刺在身上的字了,他撅起了嘴仿佛是在倾听。您已经看到了,用眼睛辨认出这些字来,这不是一件容易的事。可是我们这个人用伤口辨认

---

[1] 卡夫卡:《在流放地》,载《变形记——中短篇小说集》,上海译文出版社2012年版,第101页。

它们。这当然要花费许多功夫;他用了六个小时才完成这项工作。但是随后耙子便完全把他叉起并把他扔进坑里,他便"啪嗒"一声掉落在血水和棉花上。[1]

11. 短篇小说《在流放地》是卡夫卡在写作《诉讼》期间写的,其中描写的犯人的情形和 K 非常相似。就像 K 不知道被人控告了一样,在这个短篇中,犯人也不知道他被控告了。他甚至不知道对他的判决。(军官解释道:"用不着告诉他判他什么刑,他会从自己身上知道的。"[2])这两个故事都以死刑的执行结束(然而在短篇中,军官似乎是对自己而不是对犯人执行了死刑)。但正是这一结局的显而易见性必须加以质疑。在短篇中,重要的不是死刑的执行,而是刑讯,这一点在机

---

[1] 卡夫卡:《在流放地》,载《变形记——中短篇小说集》,上海译文出版社 2012 年版,第 110 页。
[2] 同上书,第 90—91 页。

器突然坏了、无法正常运转时得到了清晰的阐述:"这不是军官所希望的那种受刑,这是直接谋杀。"[1]因此,这一机器的真正目的是刑讯,是对真相的拷问。经常在刑讯过程中发生的死亡,仅仅是发现真相的一个副产品。当刑讯机器不再能迫使犯人从自己身上辨认真相时,刑讯就让位于直接谋杀。

正是从这一视角出发,我们必须来重读《诉讼》的最后一章。在这里,我们碰到的同样不是判决的执行,而是一种刑讯场景。头上戴着似乎不可移动的礼帽的这两名男子,在K看来像是蹩脚的二流演员,甚至像是男高音歌唱家,他们不是专业意义上的死刑执行者,而是刑讯者,力图从K那里得到认罪,尽管其实到那时为止并没有人这样要求过K(如果确实是K诬告了自己,那么可能正是这一诬陷的罪名是他们想

---

[1] 卡夫卡:《在流放地》,载《变形记——中短篇小说集》,上海译文出版社2012年版,第110页。

从 K 那里得到的)。这从以下对他们与 K 的第一次身体接触的怪异描写中得到了证实,它描写(尽管是通过俯视这一视角)了审讯过程中被告的胳膊和站位之间的张力:

> 他们将肩膀紧紧地顶在他的肩膀的后面,不把双臂弯起来,而是伸直了手臂扭住 K 的胳膊,在楼下他们以一种训练有素、非常熟练的、使人无法抗拒的方式抓住 K 的双手。K 直挺挺地在他们之间行走;他们三个人现在结成这样一个统一体:假如有人打了他们之中的一个,就是他们全都挨了打。[1]

即使在最后的场景中,K 躺在石头上,姿势"很不自然,非常别扭",也更多地像是一种变相的刑讯,

---

[1] 卡夫卡:《诉讼》,张荣昌译,上海三联书店 2012 年版,第 185 页。

而不是处决。[1]正如流放地的军官未能通过刑讯找到期望中的真相,同样,K的死也更多地像是谋杀而不是拷问真相的结果。实际上,他最后无力去完成他的职责:"现在K分明知道,当这把刀在他的头顶上飘来荡去的时候,他应该自己抓住它,将它刺进自己的身体。"[2]不管谁诬陷了自己,都只有通过对自己的折磨才能供认这一真相。不管怎样,刑讯,像对真相的拷问一样,错失了其目标。

12.K(每一个人)诬陷自己,是为了减轻法律中的罪行,是为了减轻明显针对他的那一指控,是为了减轻他明显无法逃避的东西(正如监狱牧师曾经说过的,简单地宣布自己无罪,"有罪的人通常都这么说"[3])。然而,用这样的方式,他结束了自己的生命,

---

[1] 同上书,第188页。
[2] 卡夫卡:《诉讼》,张荣昌译,上海三联书店2012年版,第188页。
[3] 同上书,第174页。

就像卡夫卡在一个短篇中描写的囚犯一样:"他看见监狱的院子里树起了一个绞刑架,以为是为他准备的,于是晚上冲出牢房,自己去上吊了。"这里存在着法的含混性:法根源于个体的自我诬陷,然而它又把自己表现为外在于个体又高于个体的某种力量。

我们正是应该在这一意义上来解读监狱牧师在教堂里对 K 讲的关于"在法的大门口"的寓言故事。法的大门就是一种控诉,通过它,个体被牵连进法的关系中。但最初和最高的控诉是由被告自己提出的(尽管是以自我诬陷的形式)。出于这一原因,法的策略就包括使被告确信控诉(大门)(可能)是注定为他准备的,法院(可能)向他要求什么,那里,(可能)有一起正在处理的诉讼跟他有关。而实际上,那里并没有人提出控告,也没有诉讼,至少在那个认为自己被人控告的人控告自己之前。

这就是"欺骗"的含义,用监狱牧师的话来说,这就是"在法的大门口"的寓言故事提出的问题:"在法律书籍的所有序文中都谈到这种错觉:在法的大门口站着一个守门人"[1]。问题并不像 K 所认为的那样,有人做出了欺骗(守门人),有人受骗了(乡下人);也不在于守门人前后所作的两种陈述或多或少有些矛盾:"他现在不能让他进去","这座大门只为你而开。"[2] 所有的事件都意味着,"你没有被控告","控诉只针对你;只有你才能控告自己,使自己成为被告"。因此,它们是一种邀请,邀请你对自己提出控告,邀请你身陷诉讼。出于这一原因,K 希望牧师能给他一个"决定性的建议",这一建议不是告诉他如何对诉讼施加影响,而是告诉他如何逃出诉讼重围,使自己置身诉讼之外,这一愿望只能是徒劳。事实上,牧师甚至也是守门人,甚至也是"法院的人"。真正的欺骗恰恰是守门人的存

---

[1] 卡夫卡:《诉讼》,张荣昌译,上海三联出版社 2012 年版,第 176 页。
[2] 同上书,第 178 页。

在，某一类人（或天使：在犹太教传统中，守门也是天使的一大职责）——从最低级别的办事人员到检察官直到最高法官——的存在，其目标就是诱使他人进行自我诬陷，使他们进入法的大门，这一大门只通向诉讼。然而，这则寓言故事也可能包含了某种"建议"。这里重要的不是对法的研究——这本身不包含任何罪——而是对"守门人的长期研究"，在他逗留于法的大门口的这许多年里，乡下人不间断地致力于这一研究。[1] 正是由于这一研究，这一新的《塔木德》，乡下人——与约瑟夫·K相反——才能在诉讼之外终其一生。

土地测量员

1. 土地测量员的工作在罗马非常重要，因为它涉

---

[1] 卡夫卡：《诉讼》，张荣昌译，上海三联出版社2012年版，第177页。

及边界和界线的划定。为了成为一个土地测量员，也就是拉丁文的 agimensor（或 gromaticus，这一名词来自于他所使用的工具），人们必须通过非常严格的考试；没有经过考试而从事这一行业会被处以死刑。实际上，罗马的边界具有一种神圣的性质，以至于任何清除这些边界的人都会成为神圣人（sacer），任何人都可以处死（他们）而不受惩罚。还有一些简单的例证也可以用来说明土地测量员的重要性。在民法中，正如在公法中一样，确定地域的边界、划分和确定土地的大小，以及仲裁边界争端的这些可能性，都对法的实践施加了影响。出于这一原因，就其是完美的测量者而言——他确定、建立并决定了边界——土地测量员也被叫作"法的创立者"，拥有"完美者"的头衔。

因此，毫不奇怪，关于土地测量的第一部文献比查士丁尼的《国法大全》早了一个世纪。更不用惊讶的是，这部文献出版后不久，人们就迫切感受到了修订并出版新的《测量大全》的需要，并在土地测量员的文字中加入了法学家们的意见。

2. 在罗马，土地测量员所使用的工具叫 groma（或 gruma），它是十字形的，中心可以固定在地面相应的某一点（叫 umbilicus soli）上，四个角悬挂着四根结实的细绳。有了这一工具，土地测量员就可以测量直线距离（rigores），从而对土地进行丈量并划定其边界。

以直角相互交叉的两条直线，一条叫 kardo，测量的是南北方向的距离，一条叫 decumanus，测量的是东西方向的距离。在城堡（"堡垒"或"城堡"—在拉丁文中，城堡一词是 castrum 的缩写—也包括"军营"）的修建中，这两条线对应于两条主干道，居住区（在军营中，是士兵的帐篷）就是围绕着这两条道路分布的。

对于罗马人来说，这一基本的边界构成所具有的原初的天文特征是不容置疑的。因为这一原因，希吉努斯论《边界的构成》的文章是这样开始的："在所有与测量有关的仪式和行为中，最突出的是对边界的划定。它来源于天体观念，具有永恒性……因为边界是以宇宙为参照物构建起来的：实际上，纬线是根据太阳运行的轨迹划定的，而经线则是根据地球的两极划定的。"[1]

3.1848 年，三位著名的文献学家和法学史专家，F.布鲁姆、K.拉赫曼和 A.鲁道夫，在柏林出版了现代第一部《罗马土地测量员文集》（*Die Schriften der römischen feldmesser*）。这个版本（两卷本，收录尤利乌斯·弗隆提努斯、安吉努斯·尤比克乌斯、希吉努斯·戈洛玛提库斯、西库勒斯·弗拉克乌斯的文章）包括一个内容庞杂的附录，收录了手稿中的一些图纸。

---

[1] Hyginus Gromaticus, "De limitibus constituends," in *Die Schriften der römischen feldmesser*, vol. 1, ed. F. Blume, K. Lachman, and A. Rudorff, Berlin: G. Reimer, 1848, p. 166.

尤其令人瞠目的是，它描绘了城堡（castrum）的 29 种不同形制，这不由让我们想起了小说第一篇中 K 对城堡的描绘："它既不是一座古老的骑士城堡，也不是一幢新的豪华建筑，而是一个开阔的建筑群，其中两层楼房不多，倒是有大量鳞次栉比的低矮建筑。倘若不知道这是一座城堡，人们会以为这是一座小城镇。"[1] 让 K 想起了家乡教堂的带有小窗户的尖塔，也在这些图纸中多次出现。

其他图纸展现了第一次边界绘制的结果：根据 kardo 和 decumanus 所作出的基本的空间分割。在每幅测绘图中，在子午线的最北端，人们都可以清楚地看到字母 K，那是 Kardo 一词的首字母。相反的一端是字母 M（代表"最大值"，是 meridianus 一词的缩写）。用这种方式，KM 划定了第一条线，也就是基本

---

[1] 卡夫卡：《城堡》，张荣昌译，上海三联书店 2012 年版，第 7 页。

的边界，而 DM（decumanus meridianus 的缩写）划定了第二条线，两条线互相垂直。在整个文集中，字母 K 代表了同样的含义，或者单独或者作为与其他字母的组合多次出现。

4. 让我们来认真探讨一下《城堡》主人公 K 的职业问题。在土地测量员的术语中，K 代表 kardo，这个名词来源于"它把自己指向天空中的方位基点"。所以，K 所做的——他不耐烦地声称从事这一职业，而城堡的办事人员则认为这是一种挑衅——就是"边界勘定"工作。这一冲突——如果它确实是一种冲突，正如它看上去的那样——与其说是与住在村里而被城堡接受的这种可能性有关（与布罗德所解释的那样），不如说与边界的勘定（或越界）有关。如果城堡（还是根据布罗德的解释）可以被雅致地理解为世界的"神圣政府"，那么在这一政府的边界问题上，土地测量员——他并没有带着各种仪器，而是拿着"一根多节的手杖"[1]——就陷入了与城堡及其官僚机构的顽强斗争中,陷入了一种紧张又极其特殊的边界勘定工作中。

5.1922年1月16日,在写作《城堡》的同时,卡夫卡在他的日记里记下了对边界问题的一些思考,这些思考的重要性在很多地方都得到了强调,但它们从未被与小说主人公的职业联系起来进行思考。卡夫卡在日记中记录了此前一周他经历的一次精神崩溃(Zusammenbruch),这次事件使得他的内在世界和外部世界被区分了开来,并且切断了二者之间的联系。内心所产生的狂野(Wildheit)被描述为一种"追逐"(Jagen),其中"自我观察不让任何表象停歇,而是不停地追逐它们,使它们成为新的自我观察的表象。"[2]在这一点上,追逐的形象让位于对边界问题的反思,也

---

[1] 卡夫卡:《城堡》,张荣昌译,上海三联书店2012年版,第3页。
[2] 卡夫卡:《日记(1910—1923)》,孙龙译,见《卡夫卡全集》第5卷,中央编译出版社2015年版,第368页。

就是反思人类与人类之上的、超越人类的事物之间的边界问题。

这一追捕以与人性相反的方向进行。孤独,在很多时候都是强加于我的、但部分也是我自己寻求的(但这不也是一种强加么?),现在变得非常明显,而且达到了顶点。它将走向哪里?也许它将走向疯狂,这在我看来是不可避免的(疯狂〔Irrsinn〕,在词源上与游荡〔irren〕一词联系在一起,也包含"迷路"、"歧途"之义);再没有什么可以补充的了,追逐穿透了我,把我撕成了碎片。或者我可以(我可以吗?),即使只有很小的可能性,站稳脚跟,使自己承担这种追逐。那么,我会到达哪里?"追逐"只是一种表象;我也可以说"是对最后的人类边界的一种攻击"。这是一种自下而上的攻击,来自人类,既然这仅仅是一种表象，那么我可以用另一种表象来替代它，即来自上层的对我的攻击。

所有这些文字都是对边界的攻击，如果犹太复国主义没有介入的话，它很容易就会发展成一种新的神秘教派，一种卡巴拉。关于这一点有很多征兆。当然，这需要难以想象的天才，在旧的世纪中发掘新的根，或者重新创造旧世纪，在这样做的同时，不是消耗掉自己的力量，而是从现在开始完成自己。[1]

6. 这一条日记的"决定性"特征并没有被学者们忽视。它在一个简单的姿态中包含了一种存在主义的决定（"全力走向极端"，不再向弱点屈服，这一弱点，正如他在2月3日的日记中将会提到的，既使他"远

---

[1] 卡夫卡：《日记（1910—1923）》孙龙生译，见《卡夫卡全集》第5卷，中央编译出版社2015年版，第368—369页。译文有改动。

离了疯狂，也使他远离了上升"——德文 Aufstieg，同样指向上运动）和一种诗意的神学（与犹太复国主义完全相反的新卡巴拉教义，与他所生活的西方犹太时间中的心理和肤浅性完全相反的古代的、复杂的诺斯替—弥赛亚主义传承）。但是当我们把这一日记条目与卡夫卡当时正在撰写的小说及其主人公——土地测量员 K（kardo，"把自己指向大空中的方位基点"）联系起来时，它的决定性意义就更突出了。于是，职业选择（这是 K 自己指派给自己的活，因为没有人雇他来干这个，正如村长告诉他的，村子里根本没有一点要他干的活）既是一种开战宣言，也是一种策略。K 后来全身心关注的，并不是花园与村子里的房屋之间的边界问题（用村长的话来说，这些已经"划定并登记在案了"[1]），相反，由于村子里的生活实际上完全是由

---

[1] "我们这些小家小户的地界是划定了的，一切都已登记在案。"卡夫卡：《城堡》，张荣昌译，上海三联书店 2012 年版，第 58 页。

村子与城堡之间的边界决定的,这些边界同时又使村子和城堡紧紧地联系在一起,土地测量员的到来首先使这些边界成了问题。"对于最后边界的攻击"正是这样一种攻击,它针对的是把城堡(上层)和村子(下层)分隔开来的那些界线。

7. 再一次——这是卡夫卡重要的策略性直觉,他所准备的新卡巴拉——斗争的目标不再是上帝或最高权力(城堡主人伯爵老爷在小说里从来都没有真正被讨论过),而是天使、信使和作为其代表的各级官僚。在这一意义上,查看一下 K 必须与之打交道的来自城堡的人员名单将是很有启发性的:好几个"来自城堡的女孩"、一个下级办事人员、一个信使、一个秘书、一个总管(克拉姆[Klamm],K 从来没有与他发生过直接的接触,但他的名字让我们想起了 kardo 上的极点 KM)。这里关键的(假设卡夫卡的神学阐释者是犹太教徒或基督徒)不是与神之间的冲突,而是在神的问题上与人类（或天使）的谎言（主要是卡夫卡所属的西方犹太教知识氛围中的那些谎言）之间的残酷斗争。这些就是在人与人之间、人与神之间建立起来的界线、区分和障碍，这正是土地测量员要加以质疑的。

因此，关于 K 想被城堡接受同时在村子里住下来的解释就显得尤为牵强。K 确实不知道如何来理解村子，更不知道如何来理解城堡。土地测量员真正关心的是把城堡与村子隔离又联系在一起的边界，这才是他想清除或推翻的。这一边界从哪里穿过，似乎没有人知道。也许它确实不存在，但又像一扇看不见的门，穿过每一个人。

Kardo 不仅是一个跟土地测量有关的术语；它同时也指门轴。塞维利亚主教伊西多尔的词源学告诉我们："门轴（cardo）是门赖以来回摆动和转动的部件。它得名于古希腊心脏一词，正像人的心脏控制了人的一切，因此，门轴也控制了门，使它转动。于是就有了这样一句谚语：'在某个转折点发现自己'。"[1] 伊西多尔接着说（这一界定可能是卡夫卡会毫无保留地赞同的）："门，就是阻止人进入的东西。"[2] 而守门人，"在《旧约》中，就是那些阻止不洁者进入神庙的人。"[3] 门轴、转折点，这就使门阻碍进入的这一特征被淡化了。如果布塞法卢斯是"新律师"，他只研究那些不再使用的法典，那么K就是"新土地测量员"，他使那些分割（同时也联结）上层和下层、城堡和乡村、庙宇和住宅、神和人之间的边界和界线不再有效。如果这道门（也就是规制这些关系的成文或不成文的法律体系）被取消了，那么上与下、神与人、纯洁者与不洁者之间将会发生什么呢？最终，"真实世界"（那是卡夫卡另一篇小说的主人公一条狗所致力

---

[1] Isidore of Seville, *The Etymologies of Isidore of Seville*, ed. S.A. Barney and W.J.Lewis, Cambridge, UK: Cambridge University Press, 2007, p. 311.
[2] Ibid., p. 311.
[3] Ibid., p.172.

追寻的,那篇小说是在创作《城堡》的间隙写作的)又会发生什么呢?这就是土地测量员被允许惊鸿一瞥的东西。

第四篇 论生活在幽灵中的利与不利

1993年2月,曼弗雷多·塔夫里在威尼斯建筑大学的就职典礼上使用了威尼斯"尸体"这一意象,这不是无心之举。他提到了为反对威尼斯举办世界博览会而进行的斗争,并不无伤感地总结道:"问题不在于给尸体化妆或涂脂抹粉是否更好,那非常可笑,连孩子们都会嘲笑它;也不在于我们——无力的保卫者和手无寸铁的预言家——最终面临的结局,就是说,眼睁睁地看着尸体在我们面前溶解。"[1]

---

1 Manfredo Tafuri, "Le forme del tempo: Venezia e la mondernita," in *Universita IUAV di Venezia, Inaugurazioni academiche*, 1991-2006, IUAV, Venezia 2006.

自塔夫里提出这一严峻的问题以来，20多年过去了。塔夫里有着足够的权威和水平，他提出的这一问题的准确性至今还没有人能善意地加以质疑（甚至市长、建筑师、部长们以及其他人，用塔夫里的话来说，今天仍旧继续"猥琐地"给尸体涂脂抹粉并低价抛售）。然而，对于细心的观察者来说，这实际上意味着威尼斯不再是一具尸体。如果说它仍然存在着，那只是因为它已经设法超越了死亡之后尸体腐烂的阶段。现在它所处的新阶段是幽灵阶段，在这一阶段，死人毫无征兆地突然闪现，尤其是在午夜，它嘎嘎作响发出信号，有时甚至开口说话，尽管是用人们无法听懂的方式。"威尼斯在低语。"塔夫里写道，但他接着又说，这一低语是现代人无法听懂的。

那些生活在威尼斯的人很熟悉这一幽灵。当你夜间漫步时它会突然闪现，你正跨过一座桥，目光转过一个街角，运河隐没在浓重的夜色中，远处的窗户里一盏橘黄色的灯亮了，一个路人在另一座桥上东张西望，手里拿着一面模糊的镜子。或是当朱提卡岛一边喃喃低语，一边把腐烂的海藻和塑料瓶赶到木筏码头的人行道上，它突然闪现。马塞尔看见的似乎是同一个幽灵——由于最后一束光看不见的反射，模糊地在运河上徘徊——它隐没在各种宫殿的模糊的倒影中。并且，这个幽灵是先在的，它似乎在这个城市建立之初就出现了。威尼斯和意大利其他城市不一样，它不是正在衰落中的古老城邦和新的野蛮力量相遇的产物，而是疲惫不堪的逃亡者的产物，他们把财富抛在了身后，离开了罗马，带着满脑子的幻想来到这里，并把这一幻想撒播在这个城市的水道、光线和色彩中。

　　幽灵是由什么构成的呢？是由符号构成的，更确切地说，是由标记构成的，也就是由时间刻写在事物上的那些符号、密码或花押字。幽灵总是随身携带着日期，无论它去往哪里；换句话说，它原本就是历史实体。这就是为什么老城市是标记的完美聚集地,当流浪者在街道上闲逛时,可以心不在焉地依次阅读它们。这就是为什么毫无趣味的修复工程在粉饰欧洲各个城市并使它们千篇一律时,要清除它们各自的标记;使它们变得难以辨认。这也是为什么一些城市——尤其是威尼斯——看上去像个梦。在梦里,梦游者的眼睛捕捉到了一切事物;每一个事物都展示了自己独特的标记,它传达的是个性、姿态和话语之外的东西。然而,那些顽固地试图对梦境作出解释的人仍然不愿意相信这些梦是毫无意义的。同样,在城市里,在某个小巷、广场、街道、运河边的步行道上、背街小巷中发生的一切,突然浓缩并凝聚为一个形象,它飘忽不定而又迫切,沉默不语而又眉目传情,充满怨恨而又疏远。这就是这个地方的幽灵或者说灵魂。

对于死者,我们拥有什么呢?克尔凯郭尔写道:"回忆逝者的爱的作品,是最无私、最自由、最忠诚的爱的作品。"[1]但这显然并不容易做到。毕竟,死者不仅不向我们要求什么,并且愿意尽可能地被我们遗忘。然而,这可能就是为什么死者是最难满足的爱的对象。对于死者,我们毫无防备,犯有过失;我们逃避它们,忽视它们。

只有这个原因才能解释威尼斯人为什么对他们的城市缺乏热爱。他们不知道如何去爱,也没有能力去爱,因为爱死去之物是困难的。更容易做的是假装它还活着,用化妆品和胭脂来遮盖其苍白、没有血色的部分,以便把它展示给那些买了门票来参观的游客。在威尼斯,商人们不是在庙宇中,而是在坟墓中经商,他们不仅冒犯生者,甚至亵渎尸体(或是他们认为的尸体,尽管他们自己不会承认这一点)。但这一尸体其实是幽灵,也就是说(如果商人们意识到它的存在),

---

[1] Soren Kierkegaard, *Works of Love*, tran. H. V. Hong, Princeton, NJ: Princeton University Press, 1995, p. 358.

是最朦胧、最微妙的实体,因此和我们通常所说的尸体有天壤之别。

幽灵是生命的一种形式,一种死后的生命或补充性的生命,它只有在一切结束后才开始。因此,就生命形式而言,和那些已经完成的、礼仪性的、具有准确性的事物(它们不再有明天)相比,幽灵具有无法比拟的魅力和机敏。这就是亨利·詹姆斯在威尼斯试图感知的生命(在他的鬼故事中,他把它们比作空气精灵或小精灵)。这些幽灵离群索居,因此通常是活着的人侵扰了它们的家园,打破了它们的沉默。

但还有另外一种幽灵,我们可以称之为幼体幽灵(larvale 或 larvata),这来源于它们不接受自己的生存状态,试图忘记这一切,从而不惜一切代价假装仍然拥有血肉之躯。这些幼体幽灵不离群索居,而是急切地寻找那些通过自己的坏意识而产生它们的人类。它作为噩梦、梦魇和恶魔而居于他们之中,用谎言编制的丝线从内部影响其无生命的部分。第一种幽灵是完美的,因为它不需要对已经说和做的做任何的删减,但幼体幽灵必须假装拥有未来,从而为来自过去的某些痛苦、为自身的无能(不能认识自己事实上已经达成的圆满)腾出空间。

英格伯格·巴赫曼曾经把语言比作一座城市,由古老的市中心、更为晚近的外围的市镇、环城的高速公路和加油站(它们也是城市不可分割的一部分)构成。在我们的城市和我们的语言中有着同样的乌托邦和废墟,我们在其中有过梦想,也曾数度迷失;事实上,它们就是这一梦想和迷失的形式。如果我们把威尼斯比作一种语言,那么在威尼斯生活就像是研究拉丁语,就是努力用一种已经死亡的语言,一个音节一个音节地拼读每一个单词;学习如何在词尾变化、不可预测的动名词和将来时态的无穷变化的瓶颈中迷失或找到自己的方向。然而,我们应当记住,只要一种语言仍在言说和被阅读,就不应该宣告其死亡;只是在这一语言中,我们不可能——或者近乎不可能——去占有那一主体位置,也就是言说"我"的那一位置。事实是,一种死的语言,就像威尼斯一样,是一种幽灵语言,我们无法言说,但它仍在用自己特有的方式颤动、哼哼和低语,因此我们最终仍然可以理解并读懂它,尽管要付出努力和借助词典。但是死的语言会向谁言说呢?语言的幽灵会转向谁呢?当然不是我们,但也不是来自另一时空的听众,对于后者它再也得不到任何回应。因此,正是出于这一原因,似乎只有现在,这一语言才第一次开口说话,这一哲学家用"它"而不是"我们"(尽管没有意识到同时赋予了它一种幽灵性)来指称的语言开始说话。

因此,威尼斯是现代性的真正象征,尽管这一现代性和塔夫里在其就职演讲最后所说的现代性完全不同。我们的时代不是新的,而是最后的(novissimo),

也就是说，是最终的和未成形的。这就是我们通常所理解的后历史和后现代性，我们并不认为这一状态必然是一种死后的、幽灵性的存在，也不认为幽灵状态是最遵从礼拜仪式、最不受外界干扰的，它必须服从严格的行为法则，必须进行漫长的无休止的祷告，祈祷黎明、黄昏、夜晚以及其他特定的宗教时刻。

因此，缺乏严谨和体面的幼体幽灵生活在我们中间。所有人和所有语言，所有秩序和机构，所有议事机构和统治机构，基督教和犹太教，显贵和法官，已经无法阻挡地一个接一个滑入幼体幽灵状态，尽管他们对此毫无防备，也毫无意识。因此，作家们糟糕地写着作品，因为他们需要假装他们的语言仍然活着；议会徒劳地立法，因为它们需要假装它们的幼体国家有一种政治生活；宗教被剥夺了虔诚，因为它不再懂得如何保佑逝者并与他们和谐地生活在一起。这就是为什么我们看到骷髅走起路来这么僵硬，看到木乃伊假装兴高采烈地把自己从墓穴中挖出来，而没有认识到他们已经分解的部分把他们留在了废墟和破烂中，他们的语言已经变得结结巴巴难以辨认。

　　但威尼斯的幽灵完全不知道这些。它不再向威尼斯人或（当然也包括）游客现身，但可能向被无耻的市政人员驱赶的乞丐现身，或者向在小巷之间急切地窜来窜去的老鼠（它们的鼻子在地上嗅来嗅去）现身，它也可能向极少数人现身，比如被驱逐者，他们苦心钻研这一通常被避而不谈的问题。既然幽灵用唱诗班童声似的声音告诉我们，欧洲的所有城市和语言都只是作为幽灵而存在，那么只有了解这些最隐秘和最为人熟知的事情的那些人，只有重述和记录无形的语词和石块的那些人，才有可能在将来的某一天重新打开一个缺口，历史以及生命正是在这一缺口中突然兑现了其承诺。

第五篇 论我们能不做什么

德勒兹曾把权力的行使界定为一种隔离,即把人与其所能隔离开来,也就是说,与他的潜能隔离开来。积极力量被阻碍了付诸实践,这或者是因为被剥夺了使其成为可能的物质条件,或者是因为某一禁令的存在使它们在形式上变得不可能。在以上两种情形中,权力——这是其最具压迫性、最野蛮的形式——都使人与其潜能隔离开来,从而变得无能。然而,权力的行使还存在另外一种更阴险的方式,它不直接影响人们可以做什么——他们的潜能,而是影响他们的"非潜能"（impotenza），也就是说，人们不能做什么，或者更确切地说，是能不做什么。

　　潜能在结构上也是一种非潜能，每一种能去做的能力同时也是一种能不去做的能力，这是亚里士多德在他的《形而上学》一书的第9章提出的关于潜能的理论的基本出发点。"'无能'与'无能者'相对反于这些潜能，代表着'阙失'；每一种类潜能的主题与过程，相应有同种类的'无能'。"[1] "无能"在这里并不仅仅是指潜能的缺乏，没有能力去做，更重要的是指"有能力不去做"，可以不施展个人的潜能。实际上，正是一切潜能特有的这一矛盾——它总是一种在或不在、为或不为的权力——界定了人类的潜能。这就是说，人类作为以潜能的方式存在的生物，有能力做某事，也可以不做，能够有所为、有所不为。这使他们

---

[1] 亚里士多德：《形而上学》，吴寿彭译，商务印书馆1995年版，第172页。

与其他生物相比更易犯错;但同时也可以积攒自身能力并自由地加以运用,使之成为"才能"。界定个人行动地位的,不仅是一个人的能力范围,而首要的是在与自身的可能性关系中使自己可以有所不为的能力。因此,火只能燃烧,其他生物只能实现自身特定的潜能——它们只能完成铭刻于生物本能中的这一或那一行动——但人类是这样一种动物,他可以实现自己的潜能。

今天,正是基于潜能这一更为隐秘的方面,被反讽地界定为"民主的"权力倾向于行动。它不仅使人类与其所能隔离开来,更重要的是使人类与其所不能隔离了开来。今天的人们被与其所不能完全隔离了开来,被剥夺了能够不做什么的体验,相信自己无所不能,于是他总是愉快地重复"没问题",不负责任地回答"我能行",而正是在这些时刻,他本应意识到自己其实已经对不在自己控制范围内的权力和过程束手无策了。不是对自己的能力盲目,而是对自己的无能盲目无知,不是对自己能够做什么盲目,而是对自己不能做什么,或者说,能够不做什么盲目无知。

这就是我们这个时代在工作和职业、专业身份和社会角色之间出现意义混淆的原因,每一个角色都由一个跑龙套的演员来扮演,其傲慢正好与他或她在表演上的不稳定和不确定性成反比。那种每个人都无所不能、无所不为的观点——即这样一种猜想,今天给我看病的这个医生明天可能成为一个视觉艺术家,甚至处决我的这个刽子手实际上也是个歌唱家,就像卡夫卡在《审判》中描述的那样——仅仅是这样一种意识的反映,即每个人都使自己屈从于一种灵活性,而后者正是今天的市场要求每个人都必须具备的首要品质。

没有什么比这种与非潜能的隔离更使我们贫乏和不自由的了。那些被与自己的所能隔离开的人,仍然可以作出抵抗;仍然可以有所不为。然而,那些与自己的非潜能隔离开的人,首先就丧失了抵抗的能力。正如对我们是什么这一真理的认识只有通过对我们不是什么的清醒意识才能形成,因此,只有对我们不能做或者能不做什么的清晰洞察才能给我们的行为带来一致性。

第六篇　无人格的身份

希望得到他人认可这是人的天性。在黑格尔看来，这一认可如此重要，以至于任何人为了得到认可不惜使自己处于危险的境地。这不仅仅是满足或自恋的问题，而是说只有通过他人的认同，才能把自身构建为人格（persona）。

Persona 最初的意思是"面具"，正是通过面具，个体才获得了角色和社会身份。在古罗马，每个人都是通过名字来界定的，名字表达了他的宗族和谱系；但这一谱系反过来又是通过贵族家庭存放在正厅中的祖先的蜡质面具得以界定的。从这里只需一小步就可以把 Persona 转变为"人格"（personalità），后者界定了个体在社会生活及其仪式中的地位。最终，Persona 逐渐意指自由人的法律能力和政治尊严。奴隶，由于他或她既没有祖先也没有面具，甚至没有名字，因此无法拥有"人格"，即一种法律上的能力（servus non habet personam）。因此，争取认同的斗争就是争取面具的斗争，但这一面具和每个个体为社会所认可的"人格"（或者说某些时候默认的构成个体的"个性"）是吻合的。

　　毫不奇怪，几千年来获得人格认同一直是个体最令人艳羡的宝贵财富。其他人之所以重要、之所以不可或缺，主要是因为他们能够认同我。即使是权力、荣耀和财富这些"他人"非常看重的东西，最后也只有在个体身份认同中才有意义。当然，人们可以隐姓埋名游走在大街上，衣衫褴褛，传言巴格达的哈里发——哈伦·赖世德就喜欢这么做。但是，如果永远都没有这样一个时刻，其中名字、荣耀、财富和权力都被视作是"我的"，如果人的一生都将在无人认同的状态下度过，正如某些圣人建议我们做的那样，那么个体身份将永远消失。

然而，在我们的文化中，"人格面具"不仅具有法律意义，它对于伦理个体的形成也具有决定性作用。这一伦理个体最初在剧场里形成，后来也在斯多葛学派的哲学中出现，斯多葛学派在演员和面具的关系基础上建立起了伦理学。演员和面具之间的关系存在两重性：一方面，演员不能选择或拒绝剧作家赋予他的角色；另一方面，他又不能毫无保留地完全认同于角色。爱比克泰德写道：

> 记住，作为一个演员，你的角色是作家赋予的：因此该长则长，该短则短。如果他想让你演

一个乞丐,那你就出色地完成它。如果你演的是一个跛子、政府官员或市民,同样如此。你无权选择你的角色,但能不能演好则完全取决于你。[1]

然而,演员(就像是智者,后者也把演员当做某种范式)不应当完全认同于他的角色,从而把自己与舞台角色混淆起来。爱比克泰德告诫道:"演员认为他们的面具和服装展现了他们自身,这一时代就要来临了。"[2]

伦理个体通过既佩戴社会面具又与这一面具保持距离来构建自身:他毫不犹豫地接受它,同时又悄悄地与其保持距离。

没有什么比古罗马绘画和马赛克作品更好地展现了这一矛盾姿态,以及它所揭示的个体与其面具之间的伦理鸿沟,这些作品表现了演员和面具之间无声的

---

[1] Epitteto, Manuale, introduzione, traduzione e note di M. Menghi, Rizzoli, Milano, 2006.
[2] Epitteto, Diatribe, introduzione, prefazione e parafrasi di G. Reale, Rusconi, Milano, 1982.

对话。作品中的演员或站或坐，面具拿在演员左手上或放在托架上。当演员凝视面具时，他那理想化的形态和全神贯注的表情是他和面具之间关系的特殊重要性的证明。这一关系在现代初期达到了顶点——同时，也是其开始衰落的起点——出现了描绘假面喜剧演员的肖像画：乔瓦尼·加布里埃利（以扮演西韦洛闻名）、多梅尼科·比安科莱利（以饰演阿莱基诺闻名）以及特里斯塔诺·马丁内利（同样以饰演阿莱基诺闻名）。现在，画中的演员不再凝视他的面具，尽管面具仍然被拿在手上。在古典的再现中非常模糊的自然人与社会"人"之间的距离，被画中演员果断地探索性地直接朝向观众的活泼泼的凝视凸显出来了。

19世纪下半叶，监控技术得到了前所未有的发展，身份概念也发生了决定性转变。身份基本上不再和他人的认可以及个体的社会声望联系在一起。实际上，身份现在是对另一种类型的认同需求的回应：便于警察机构识别惯犯。我们习惯于被各种高精度的文档和数据库记录在案,因此,对我们来说,很难想象在一个没有影像和身份资料的社会中如何确定个人身份,这是一件相当费劲的事。实际上,19世纪下半叶,这已经成为所谓的"社会保卫者"碰到的主要难题:"惯犯"不断出现,人数越来越多,这已经给19世纪资产阶级带来了极大的困扰。法国和英国都颁布法律,对初次犯罪(其惩罚措施是监禁)和惯犯(其惩罚措施是流放至殖民地)做出了明确的区分。对于司法系统的正常运转来说,有能力判定某人是初次因为某项罪行而被捕,就是一个不得不解决的问题。

正是在这一需求的推动下,阿尔方斯·贝蒂荣,巴黎警察局的一个小官员,在19世纪70年代末建立起了一套立足于人体测量学和面部相片识别技术的犯罪识别系统。几年以后,它将以"贝蒂荣测量法"闻名于世。不管谁以什么理由被拘留或逮捕,都会立即进行一系列人体测量,包括头颅、手臂、手指、脚趾、耳朵和脸部。根据这一系统——贝蒂荣称之为"人物肖像描述法"——一旦嫌疑人拍完正面和侧面两个头像,这两张照片就会粘到"贝蒂荣卡片"上,后者包含了嫌疑人所有的有效身份信息。

几乎同时,弗朗西斯·加尔东(查尔斯·达尔文的表兄弟)——通过进一步发展亨利·福尔兹(英国殖民机构的一个官员)的工作成果——创建了一套指纹识别系统,这一系统可以精确地识别惯犯。令人奇怪的是,加尔东是贝蒂荣人体测量照相法的热心支持者,正是他建议英国引入了这一体系。但他同时也认为,指纹数据识别法特别适用于殖民地土著居民,因为他们的体貌特征对欧洲人来说难以分清。指纹识别法很快也被应用于对妓女进行识别,因为人体测量法给女性的识别带来了很多令人尴尬的混乱,而且,她们的长头发也给识别带来了困难。可能正是诸如此类的原因——与某些种族或性别偏见有关——阻碍了加尔东的识别方法在殖民地以外地区的推广，或者像在美国的情况那样，阻碍了其在非裔或亚裔人口之外的推广。但到20世纪前20年，这一方法已经推广到了全世界，并在20年代初逐渐取代了贝蒂荣测量法，或成为其有力的补充。

在人类历史上，身份第一次不再有社会"人格"和他者认同的功能，而只有生物数据功能，它可以和人格没有任何关系。人类摘下了数千年来构成其认同之基础、从而赋予其身份的面具，转向隐秘地绝对属于其自身、但又无法认同的某物。我的认同不再由"他人"、同伴、朋友或敌人来确认，甚至也不由我的伦理能力来确认，后者与我不得不戴上的社会面具也不太吻合。现在界定我的身份并且可以识别的，是我沾了墨水的拇指在警察局留下的毫无意义的指纹。这是我完全无能为力、完全无法借此或凭此以任何方式界定自己或与其保持距离的一种事物：赤裸生命，一组纯粹的生物学数据。

为识别罪犯而发明的人体测量技术在某些时候仍然保持着其特有的优势。直到1943年，美国国会都没有通过强制所有公民使用带指纹的身份证的《公民身份法案》。然而，正如最初为罪犯、外国人或犹太人制定的法规很快被推广到所有人身上一样，为识别惯犯而发展出来的技术在20世纪开始扩展到所有公民身上。正面头像，有时还伴有指纹，成为身份证（一种高度浓缩的贝蒂荣卡片）不可缺少的部分，并逐渐在世界各国成为强制性措施。

但是最极端的一步只是在我们这个时代才出现，并且仍在进一步发展。由于生物识别技术的发展，光学扫描仪可以迅捷地获取指纹、视网膜或虹膜信息，这使生物识别系统逐渐超出警察局和移民局渗透到日常生活领域。中学的自助餐厅的入口、甚至在某些国家是小学的校门口（生物识别产业近年正蓬勃发展，他们建议民众最好从小就习惯这种控制模式）都已经配备了光学生物识别仪，学生们心烦意乱地在上面按下指纹。在法国和其他欧洲国家，一种新的生物识别身份证（INES）正在推出，它内置的电子芯片可以包含身份识别的基本信息（指纹和数字照片），还可以包含签名以用于商业活动。作为政治权力向治理偏移的一个不可阻挡的部分——其中自由主义范式和国家主义范式令人奇怪地结合在一起——西方民主派准备筹建一个包含每个公民 DNA 信息的数据库，以遏制犯罪，确保安全，同时对公共医疗进行管理。

我们的注意力被吸引到这一方面上来，即掌握了所有公民的生物和基因信息的权力的绝对不受限制的控制所潜藏的危险。要是掌握了这样的权力，对犹太人的种族灭绝（以及任何其他可以想象的种族灭绝）——原本在相对而言效率更低的档案资料的基础上进行——将更为彻底和迅速。

更为严重的是生物测量和生物识别过程对主体的构成所造成的影响,这一点尚未得到充分的关注。人们依靠纯粹的生物学数据能构建起一种什么样的身份呢?当然不仅仅是个体身份,后者过去常常和社会团体中的其他成员的认可联系在一起,同时也和个体戴上社会面具又不完全与之认同的能力相关。最终,如果我的身份是由生物数据决定的——完全与我的意志无关,而且也彻底超出了我的控制——那么构建类似个体伦理这样的东西就成了问题。我与我的指纹和基因编码之间能建立起什么样的关系呢?我如何接受这些事实并与之保持距离?新的身份是无人格的,过去我们归之于它的伦理空间失去了意义,必须重新加以思考。这一情况的出现使我们可以设想,统治了西方伦理学数个世纪的伦理原则将彻底崩塌。

今天,把人还原为赤裸生命已成了既成事实,它成了公民身份的基础，国家正是以此来辨认其公民的。就像奥斯维辛集中营中的被放逐者不再有名字和国籍，仅仅由纹在他们胳膊上的数字来代表一样，当代公民迷失在匿名的人群中，被划归为潜在的罪犯，完全由他们的生物信息，以及最终——通过某种古老的命运，后者已经越来越模糊和难以理解——由他们的DNA来界定。然而，如果说人可以无限地超越生物阶段，如果说总是存在超越非人类状态的某些人性，那么伦理学就是可能的，即使是在西方的人性似乎夹杂着既充满了欢娱又充满了恐惧的情感的极端后历史的分界点。像每一种仪器设备一样，生物识别技术抓住了一种或多或少未曾言明的追求幸福的欲望。在这里，我们遇到的是这样一种欲望，它希望逃离人格的重量，逃离道德以及与之相伴的法律责任。个体（既以悲剧的形式，也以喜剧的形式）是罪行的承担者，因此潜在的伦理学必然是禁欲主义的，因为它立足于一种分裂

(个体与面具的分裂,伦理个体与司法个体的分裂)。和这一分裂相反,新的无人格的身份确证了这样一种幻觉,它不是一个整体,而是一种无限倍增的面具。当个体被归结为纯粹生物性的非社会身份时,他同时也被赋予了这样一种能力,可以戴上各种面具,可以在网络上过第二种或第三种生活,尽管所有这一切都不真正属于他。同时,我们还可以加上被机器识别给我们带来的转瞬即逝的近乎粗野的快感,它丝毫不会给我们带来情感方面的负担,而被其他人认同则必然会带来这样的压力。生活在大都市中的人越是失去与他人之间的这种亲密关系,越是无法直视对方的眼睛,就越是依赖机器来获得这种虚拟的亲密关系作为慰藉(机器反过来也深深触及了他们的视网膜)。他们越是丧失了各种身份和各种真实的拥有,就越是满足于被大机器(Granda Macchina)无限而细微的各种变体所识别:从地铁入口处的闸机到 ATM 机,从银行门口和街角一视同仁地观察他们的摄像头到为他们打开车库大门的按钮，直到未来强制性的身份证，后者可以根据那些无法改变的信息在任何地方任何时刻对个体进行识别。如果机器识别出了我或至少看见了我，我就在这里；如果既不知道睡眠也不知道清醒、却时刻保持警觉的机器确认我还活着，那我就还活着；如果大机器记录了我的数字或数码信息，那我就不会被遗忘。

这一快感和确定性显然是人造的、虚幻的，最开始认识到这一点的人正是那些在日常生活中感受到这一点的人。如果识别的对象不是人而是数据信息，那么被识别意味着什么？在看似对我做出识别的机器后面，可不可能存在着这样的他者，他并不想对我进行识别，而只想控制我、控诉我？如果我们的交流既不是通过微笑或姿态，也不是通过和蔼或沉默，而是通过一种生物身份进行，那又如何可能？

然而，遵从历史规则并不意味着要回到过去，我们必须为寻找人类的新形象做好准备，既不满怀歉疚，也不满怀希望，这一新形象应该既超越个体认同，又超越无人格的认同。或者说，我们必须寻找的可能只是活生生的人的形象，因为超越了面具的脸和超越了生物数据的脸是一样的。我们仍然没有尽力去看清楚这一形象，但对它的预感会突然惊醒我们，有时是在我们的困惑中或梦里，有时是在我们的无意识中或完全清醒的状态下。

第七篇 裸体

1.2005年4月8日，由瓦妮莎·比克罗夫特策划的一场表演在柏林国家博物馆新馆举行。100名裸体女性（她们实际上穿着透明的连裤袜）面无表情地列队站着，等待着参观者的检视。参观者们在排了很长的队、经历了漫长的等待后，分批进入了博物馆一层空旷的大厅。他们既羞怯又好奇地向被展示的身体投去斜视的目光，尽管这些身体本来就是展示出来被大家观看的。在像进行侦查活动一样绕这些裸体走了一圈之后，参观者们开始尴尬地把自己和这些充满敌意的、赤裸的身体组成的队列隔离开来。对那些试图对裸体女性和参观者同时进行观察的人来说，他们得到的第一印象是这是一个虚无之地（non-luogo）。**那些可能发生和本应发生的事没有发生。**

穿戴整齐的男人注视女性赤裸的身体：这一场景让人不由自主地想起了权力的施虐受虐仪式。在帕索里尼的电影《索多玛的120天》（这部电影或多或少忠实地再现了萨德的小说）的开场，4名官员正准备隐居到他们的别墅中去。他们穿戴整齐，却强迫进入城堡的受害者脱光衣服，接受他们的检视，以此来评估其优劣。阿布格莱布监狱中折磨赤身裸体的犯人的美国士兵同样是穿戴整齐的。但柏林国家博物馆新馆中发生的一切则完全不同：在某种意义上，这里的关系似乎被颠倒了，因为对于毫无防备的参观者来说，没有什么比持续投来的无趣的、粗鲁的凝视，尤其是年轻女性的，更令人不快的了，因为它和他们的预期完全相反。不是：假定发生或没有发生的，在任何情况下，都不会是一种索多玛式的聚会，更不可能是一场放荡狂欢的序幕。

看起来似乎每个人都在期待中，就像描绘最后审判的画作通常所表现的那样。但仔细观察就会发现，即使在这里，角色也被颠倒了：穿着连裤袜的女孩是无法安抚的、严峻的天使，而在传统画作中她们总是披着长袍；在柏林冬末的严寒中裹得严严实实、犹豫不决的参观者们，则使等待审判的复活者们人格化了，甚至连最道貌岸然的神学传统一般也是把他们描绘成赤身裸体的。

因此，没有发生的既不是折磨，也不是放荡的聚会：而是一种单纯的赤裸。正是在这一宽敞、明亮的空间中——100个不同年龄、种族和身材的女性身体被展示出来，凝视可以更轻松、更细致地进行——裸体似乎消失了。没有发生的事件（或假定这正是艺家的意图，事件是以"没有"发生这一形式发生的）无疑使人类身体的赤裸本身成了问题。

2. 在我们的文化中，赤裸与一种神学印记密不可分。大家都熟悉《圣经·创世记》的故事，在这一故事中，亚当和夏娃在偷吃禁果后第一次意识到自己是赤身露体的："于是两人的心眼打开了，他们看出自己赤身露体。"（《圣经·创世记》[3：7]）在神学家看来，这并不是作为原罪的结果而发生的，原罪清除了他们之前单纯的无意识。尽管亚当和夏娃在堕落前没有穿任何衣服，但他们并不是赤裸的；他们以神的恩典为衣，神的恩典像一件荣耀的外套遮盖着他们（在犹太教版本中是"光明之衣"，就像《光明篇》（*Zohar*）中提到的那样）。在犯罪之后被脱去的正是这一超自然之衣。全身赤裸后，他们第一次被迫用无花果树的叶子来遮羞（"就用无花果树的叶子，编成裙子遮蔽身体"（《圣经·创世记》[3：7]）。后来，当他们被逐出伊甸园时，他们穿上了神为他们准备的兽皮衣服。所有这些意味着，我们的祖先在伊甸园中只有在以下两个时刻才是赤裸的：首先，是意识到自己赤身露体并着手编织裙子的那个非常短暂的一瞬间；其次是他们取下身上的无花果树叶，开始穿上用兽皮做的新衣服的那个时刻。即使在这两个非常短暂的瞬间，赤裸也只是在否定的意义上存在，也就是说：作为对恩典之衣的剥夺，以及作为对受祝福的人在天堂中将会得到光明

之衣的一种预示。完全的赤裸可能只存在于地狱中那些受诅咒的身体上,因为他们不停地遭受神圣正义的永恒折磨。正是在这一意义上,可以说基督教中不存在赤裸神学,只有一种穿衣神学。

3. 这就是埃里克·彼特森,一个现代少有的对裸体问题进行反思的神学家,把他的文章的标题命名为《穿衣的神学》(*Theologie des kleides*) 的原因。他在前几页的篇幅中集中阐述了神学传统的基本主题。首先,在裸体和原罪之间存在着直接的联系:

> 裸体只是在原罪之后才出现。在堕落以前,人类并不穿衣服,但这还不是裸体。裸体假设了衣服的缺席,但衣服的缺席又不完全等同于裸体。对裸体的感知与这样一种精神活动联系在一起,《圣经》称之为"心眼打开了"。裸体是人们观察到的,然而衣服的不在场仍然是未察觉的。因此

只有当人的存在状况发生变化时,裸体才能在原罪之后被觉察到。这一由堕落带来的变化,必然彻底改变了亚当和夏娃的本性。换句话说,必然出现了一种影响人的存在方式的形而上转型,而不仅仅是一种伦理变化。[1]

然而,这一"形而上转型"仅仅在于裸露,在于失去恩典之衣:

> 人的本性的扭曲(经由罪)导致了对身体的"发现"和对赤裸的感知。在堕落以前,人以这样一种方式而对上帝存在,即使没穿衣服,他的身体也不是"赤裸"的。人的身体明明没有穿衣服却又呈"非赤裸"的状态,由这一事实得到了阐

---

[1] Erik Peterson, "Theologie des kleider", in *Marginalien zur Theologie*, Echter, Würzburg, 1995.

释,即超自然的恩典像衣服一样包裹着人的身体。人不仅仅在神圣的荣耀之光中找到了自己:上帝的荣耀也像衣服一样包裹着他。因为罪,人失去了上帝的荣耀,因此,在其本性中,失去了荣耀的身体开始显现出来:纯粹肉体的赤裸,由于纯粹功用性而导致的裸露,身体彻底丧失了高贵性,因为它的终极尊严所仰赖的神圣荣耀已经丧失了。[1]

彼特森试图用准确的术语来描述堕落、赤裸和丧失衣服这三者之间的基本联系,这似乎把原罪等同于一种简单的脱衣服和赤裸(Entblössung)行为:"初民们的身体的'赤裸'必定先于他们对赤裸的感知。这一对人类身体的'发现'(它使得'赤裸的肉体'显现出来),这一对带有各种性表征的身体的无情揭示(对

---

[1] Erik Peterson, "Theologie des kleider", in *Marginalien zur Theologie*, Echter, Würzburg, 1995.

于那些因罪而打开的'心眼'来说,它们变得可见了),只有在这一意义上才可以理解,即我们假定在堕落以前被'遮盖'的东西,就是现在被'发现'的东西,之前被遮盖着的东西,就是现在被揭示和裸露出来的东西。"[1]

4. 在这里,通过把罪的可能性放在裸体和穿衣这种建构起来的对立关系中,神学机制的意义开始形成。至少初看上去,彼特森的文本似乎包含了一些矛盾,由罪而导致的"形而上的转型"实际上仅仅是遮盖了亚当和夏娃的"赤裸身体"的恩典之衣的丧失。逻辑上,这意味着罪(或至少是罪的可能性)已经存在于这一"赤裸的肉体"中,肉体本身被剥夺了神的恩典。这意味着衣服的丧失使这一"赤裸的肉体"在其生物的"纯粹功用性"中,作为一种"彻底丧失了高贵性

---

[1] Erik Peterson, "Theologie des kleider", in *Marginalien zur Theologie*, Echter, Würzburg, 1995.

的身体"显现出来,"带着它的各种性特征"。如果说在罪之前就已经存在这种用荣耀来遮盖人类身体的需要,那么在伊甸园中受庇佑的、纯洁的裸体之前,应该还存在另一种裸体,一种"赤裸的肉身",罪通过无情地去除它的恩典之衣使它显露出来。

事情的真相是,看上去似乎与裸体和穿衣之间的关系相关的一个次要问题与神学的一个基本问题相关:即本性和恩典之间的关系问题。"正如衣服预设了身体必须被遮掩这一前提",彼特森写道,"因此,恩典预设了本性,后者必须在荣耀中才能得到圆满。这就是为什么超自然的恩典在伊甸园中作为衣服被赐予人类。人是不穿衣服被创造出来的——这意味着他拥有和神圣本性完全不同的自然本性——但他被创造出来时光着身子,是为了穿上超自然的荣耀之衣。"[1]

---

1 Erik Peterson, "Theologie des kleider", in *Marginalien zur Theologie*, Echter, Würzburg, 1995..

因此，裸体问题是本性与恩典之间的关系问题。

5. 莱昂的圣伊西多罗教堂中保存着一个11世纪的银质圣骨盒，盒子的四面刻着《圣经·创世记》中描述的故事，其中一面刻的是亚当和夏娃刚被逐出伊甸园时的场景。根据《圣经》的阐述，他们开始意识到自己赤身露体，并用左手中的无花果树叶给自己遮羞。在他们面前，站着恼怒的上帝，他身着宽大的外袍，右手向他们作质询状（标题对此作了说明，上帝对亚当说:"你在哪里?"《圣经·创世记》[3:9])。和这一姿态相对照的是这一对夫妻举起的右手,他们幼稚地想为自己开脱:亚当指着夏娃,夏娃指着蛇。尤其令我们感兴趣的是下一个场景,它刻画了《圣经·创世记》第3章第21节的场景:"上帝用兽皮做衣服给亚当和他的妻子穿。"在无名艺术家的笔下,亚当已经穿上了衣服,他的体态表现出一种巨大的悲伤;但带着某种令人愉悦的创新,这里所刻画的夏娃仍然光着腿,上帝似乎正在强迫她穿上外套。我们仅仅能从衣服的领口处勉强地看到这个女人的脸,她正在用尽力气抵抗这一神性的暴力:显然,这不仅能从她别扭的腿、哭丧着的脸上表现出来,也能从她右手的姿态表现出来,她的右手死命拽着上帝的外套。

夏娃为什么不想穿上她的"兽皮衣服"呢?为什么她还想光着身子(看上去她要么是自己摘掉了无花果树叶,要么就是在激烈的扭打中把它弄丢了)?

当然,最早可以追溯到圣尼禄、居鲁士的特奥多雷托和圣哲罗姆的一种古老传统把兽皮制作的衣服——《圣经·旧约》的古希腊译本上所说的"chitonai dermatinoi"——视为死亡的象征(实际上,意大利语中的皮衣一词"pelliccia"直到今天都带有罪的意味,它来源于tunicae␣␣pelliceae,通行的拉丁文《圣经》用的就是这个短语)。这就是为什么受洗后,这些兽皮衣服就被白色亚麻布做的外套取代了("为了穿上基督的

外套,我们已经脱下了我们的兽皮衣服",圣哲罗姆写道,"我们于是将穿上白色亚麻布外套,它和死亡毫无关系,它是洁白的,因此,在受洗后,我们可以束起我们的腰")。其他神学家,例如圣约翰·克里索斯托和奥古斯丁,则强调这一故事的字面意义。很有可能,这一圣骨盒的制作者和购买者都没有试图赋予夏娃的姿势以特别的意味。只有当我们想起,这是这对夫妇在穿上兽皮衣服和永远被逐出伊甸园之前的最后时刻,是我们的祖先仍然可以赤身露体的最后时刻,这一情节才有其确切的含义。如果确实是这样,那么,这一苗条的、拼命抗拒穿上衣服的银色人物形象,就是女性的非凡象征。这一女性是伊甸园式裸体的顽强守护者。

6. 神的恩典就像一件外套(奥古斯丁称之为"恩典之衣")[1],它的意思是说,像所有外套一样,它也是

---

[1] 奥古斯丁:《上帝之城》上卷,王晓朝译,人民出版社2006年版,第615页。

随时可以被拿走的额外之物。但正因如此,它也意味着额外的恩典一开始就把人类的身体建构为"赤裸的",而恩典的丧失总是重新回到裸体的展现中去。用使徒的话来说,由于"在圣灵箴言中,神的恩典在时间开始之前就赐予了我们",就像奥古斯丁永不疲倦地重复的,"在给予时那些将得到它的人尚不存在",人类本性总是已然被构建为赤裸的;它总是已然是"赤裸的肉体"。

彼特森强调了这一观念,即神的恩典是一件外套,而赤裸是人的本性。他引用谚语"人靠衣装"(或德语中的"衣服塑造人")来解释:

> 不仅仅是众人,包括亚当,都是由他的衣服塑造的,因为没有衣服他就无法得到说明。从其目的来说,人的本性是屈从于神的恩典的,并且只有通过恩典才能得到完全的实现。因此亚当被超自然的正义、纯洁和永生"包裹"着,因为

只有这样的外套才能赋予他尊严，才能通过恩典和荣耀之礼物，使神规定他的东西显现出来。但这并不是伊甸园式的外套帮助我们理解的唯一一件事。它也向我们表明——正如衣服的例子一样——正义、纯洁和永生必须被赋予亚当，从而让他获得圆满。最后，我们也获致了这一终极真理：正如衣服遮盖了身体，在亚当身上，超自然的恩典遮盖了被上帝的荣耀抛弃而放任自流的本性。这被描述为人类本性退化为《圣经》所说的"肉体"的可能性，人类的裸体在其腐化和堕落中逐渐变得可见。天主教传统把"衣服"称为人类在天堂中所得到的恩典之礼物，这一事实具有非常重要的意味。从某个观点来看，人只有通过外在于他的荣耀之衣才能得到说明，后者就和任何衣服一样。衣服的这一纯粹外在性表达了一些非常重要的东西：先在的恩典创造了本性，创造了

"衣服的缺失"以及被脱光衣服的可能性。[1]

《圣经·创世记》没有在任何地方明确提到人的本性是不完美的、是"无法解释的"、易败坏的和仰赖神恩的。通过强调恩典的必要性(它就像衣服一样必须遮盖赤裸身体),天主教神学使之成为一种必要的补充,正是出于这一原因,它把人的本性设定为其隐晦的承担者:"赤裸的肉体"。但这一原初的裸体在恩典之衣下即刻消失了,只有在原罪时刻又作为本性的丧失才重新显现,也就是说,在赤裸的时刻。正如政治学中的"神圣人"(homo sacer)这一神话主题预设了一种不纯洁的、神圣的,因而是可以被杀戮的赤裸生命的存在(这一赤裸生命只是由这样一种预设生产出来的),因此人的自然的赤裸身体只是原初的、明亮

---

[1] Erik Peterson, "Theologie des kleider", in *Marginalien zur Theologie*, Echter, Würzburg, 1995.

的额外之物——恩典之衣——的隐晦的预设。尽管预设隐藏在补充物之后，然而当罪的休止符再一次区分了本性和恩典、裸体和着衣时，它又重新回到了光明之中。

这意味着罪并没有把恶引入世界，只是揭示了恶。至少就其后果而言，罪主要在于衣服的去除。裸体，"赤裸的肉体"，是不可化约的诺斯替残余，暗示着神的创造在结构上的一种不完美，必须尽力加以掩饰。然而，逐渐变得明显的本性的堕落，并不是先于罪而存在的，它是罪的产物。

7. 如果说在我们的文化中，裸体带着这样一种沉重的神学遗产标记，如果说它仅仅是衣服隐晦的、飘忽不定的预设，那么我们就能理解为什么裸体无助于瓦妮莎·比克罗夫特的表演意图的表达，并且歪曲了这一意图。对于深受神学传统影响的人来说（尽管这可能是毫无知觉的），当衣服（恩典）被脱去时，在他们面前展现的只是衣服的影子。把裸体从这样一种思维模式中彻底解放出来,即不再仅仅用一种贫乏的、即时的方式来看待它,这需要一种异乎寻常的洞察力。

在我们的文化中,把本性与恩典、裸体与着衣紧密联系起来的这一神学联系的后果之一,就是导致裸体实际上不再是一种状态,而是一个事件。既然裸体只是衣服的附加物的隐晦预设,或是除去衣服突然导致的后果——预料之外的礼物或预料之外的丧失——那么裸体就属于时间和历史,而不属于存在和形式。因此,我们只能把裸体体验为一种裸露或赤裸,而不是作为一种形式或一种稳定的所有物。不管怎样,理解并坚持这一点都是非常困难的。

因此,毫不奇怪,在国家博物馆新馆的表演中,就像在之前的所有表演中一样,女性并不是完全赤裸的,她们身上总是保留着衣物的某些痕迹(伦敦高古轩画廊中的鞋子,威尼斯古根海姆博物馆中的鞋子和面纱，热那亚公爵宫中的黑色性感绷带）。表达赤裸状态的不可能性的脱衣舞表演，在这个意义上就是我们与裸体之间关系的范式。在脱衣舞表演中，裸体作为一个从来不会到达其完成形式的事件，作为一个从不会让自身在发生的那一刻就被完全把握的形式，它实际上是无限的：它不停地发生。就其本质是有缺陷的而言，就其不过是丧失恩典的那一事件而言，裸体永远不能充分满足它所承受的凝视。凝视贪婪地继续搜寻裸体，即使最后一块布片已经去掉，即使遮盖着的所有部分都已经以一种完全赤裸的方式展现出来。

如果说20世纪初从德国向欧洲其他国家传播的运动把裸体主义视为一种新的社会理想，认为它可以与我们的人类本性达成和解，那么毫不奇怪，这之所以可能，是因为他们把色情、淫秽的隐晦的裸体和沐浴着光明之衣（lichtkleid）的裸体对立起来，从而无意识地唤醒了古代神学的裸体概念，即认为纯洁的裸体穿着恩典之衣。因此,这些自然主义者展现的不是裸体,而是衣服——不是本性,而是恩典。

一种严肃的关于裸体问题的研究必须首先考古学式地回到裸体与穿衣、本性与恩典相对立的神学源头中去。它的目标不是要找到先于对立的原初状态,而是掌握产生这一对立的机制,并使其失效。

8. 无疑,奥古斯丁的《上帝之城》在构建本性(裸体)与恩典(衣服)这一对立的神学机制中是关键性的。奥古斯丁已经在与伯拉纠论辩的《论本性与恩典》一书中对这一对立的概念基础进行了论述。在伯拉纠——被教义正统派最终推向基督教传统边缘的主要人物之一——看来,恩典无非是带有自由意志的人的本性,正如上帝所创造的那样"神的恩典无非是带有自由意志的我们自身的本性"。作为其结果,非罪的可能性以一种不可分割的方式内在于人的本质中(奥古斯丁在批判伯拉纠时用了 inamissibile 一词,意思是无法丧失的），不需要进一步的恩典。伯拉纠并没有否认恩典的存在，但把它与伊甸园式的本性联系起来，又把这一本性与既先于意志（velle）又先于行动（actio）的可能性或潜能领域等同起来。因而，亚当所犯下的罪——一种意志之罪——并不必然意味着恩典的丧失，后者反过来又成为对整个人类的一种诅咒（正如奥古斯丁写道的："per universam massam"）。相反，尽管人类已经犯下罪行，并将继续犯罪，但至少每个人——就像伊甸园中的亚当一样——是存在非罪的可能性的。

奥古斯丁在批判伯拉纠的文章中竭力反对把本性等同于恩典，而强调二者之间无法消除的差异。二者之间差异的要点在于对原罪教义的发现，仅仅200多年后，教会在第二次奥兰治会议上正式采纳了这一教义。现在可以看出，《上帝之城》中对伊甸园场景和亚当的堕落的阐释基于本性与恩典这一对立。亚当和夏娃是和动物而不是和精神实体一起被创造出来的,但他们的身体由恩典覆盖着,就像穿上了一件外套。因此,正如他们不知道疾病或死亡,他们也不知道情欲,即其身体隐秘部位不受控制的冲动。在奥古斯丁那里,情欲是界定罪的后果的一个专门术语。根据保罗的一段论述("肉体的欲望跟圣灵对抗"《圣经·加拉太书》[5:17],情欲被界定为肉体及其欲望对精神的反叛,是肉体与意志之间无法治愈的分裂(caro-sarx,这是保罗用来表达人向罪屈服的术语)。奥古斯丁写道,在犯罪之前:

> 因为经上说:"当时夫妻二人还是赤身,却不觉得羞耻。"这不是因为他们不知道自己赤身露体,而是因为赤身露体还没有成为可耻的,因为情欲还没有独立于他们的意志而激荡他们的肢体。肉体此时还没有用它自己的不服从为人的不

服从提供证据……然而，他们的眼睛也没有充分张开——也就是说他们没有充分注意——以便认识他们得到的披着恩典外衣的幸福是一种什么样的幸福，就好像他们的肢体此时还不知道如何反对他们的意志。当这种恩典消失时，依据他们的不顺服制定的惩罚到来了，在他们身体的冲动中出现了某种新的可耻感，由此产生的后果就是使他们的裸体成为可耻的。当注意到这一点时，他们感到了惊恐。[1]

曾经在其荣耀（glorianda）中得到自由展示的身体部分于是不得不遮盖起来（pudenda）。因此驱使亚当和夏娃用无花果树叶遮盖自己身体的羞耻感，从那天起就成为人的条件中不可缺少的部分，因而奥古斯

---

[1] 奥古斯丁：《上帝之城》上卷，王晓朝译，人民出版社2006年版，第614—615页，译文根据上下文有改动，不再一一注明。

丁写道:"在印度的神秘隐士中,有些人实行裸体哲学,因此被称作裸体派。但他们在任何时候都遮住他们的生殖器,尽管身体的其他部分什么也不穿。"[1]

9. 奥古斯丁在这里阐述了令人吃惊的伊甸园性爱观念,或至少是这一观念,即性爱本不应使人犯罪。如果说犯罪后才出现的情欲是由对生殖器进行控制的不可能性所界定的,那么先于罪的恩典阶段体现的就是意志对性器官的完美控制:

> 在伊甸园中,如果这对夫妇的不服从没有遭受到另一种不服从作为惩罚,那么婚姻就不会懂得情欲和意志之间的这一反抗、对立和斗争。相反,我们身体的私密部分,就像身体的其他部分一样,将会服从于意志。为这一目的创造出来的

---

[1] 奥古斯丁:《上帝之城》上卷,王晓朝译,人民出版社2006年版,第616页。

> 性器官将在生殖的原野上播种,就像手在大地上播种一样……只是在必要的时候,在适度的时候,作为意志命令的结果,而不是情欲的刺激,男人将播下他的种子,女人的生殖器将承受这些种子。[1]

为了给他的假设提供依据,奥古斯丁毫不犹豫地援引了意志对看似无法控制的身体部分进行控制的一个有点古怪的例子:

> 我们知道男人通过这样一种不可思议的能力与其他人区别开来,即按他的意志用他的身体做某些别人完全无法做到的事。有些人的耳朵可以转动,一边动或者两边一起动。有些人的发际线可以移动,可以使他们的头皮前后移动。还有一

---

[1] 奥古斯丁:《上帝之城》上卷,王晓朝译,人民出版社 2006 年版,第 624—626 页。

些人可以根据命令吐出他们吃进去的任何东西,只要轻按他们的肚子,就好像从一个袋子里拿东西出来一样。还有一些人可以惟妙惟肖地模仿鸟类和野兽的叫声和其他人的声音,没有人能听出有什么不同。最后,还有人能用肛门随心所欲地发出各种声音,而不发出一点臭味,就好像是在用这个部位歌唱。[1]

我们正是必须基于这一不那么有启迪意味的模式,来想象恩典之衣下的伊甸园性爱。在意志的指引下,性器官被唤醒了,就像我们举起自己的手指那样容易,丈夫不需要借助情欲的强烈刺激就可以使妻子怀孕:"精子可以进入子宫而不会使妻子失去完整性,就好像处女流出经血而无损于她的完整。"[2]

---

[1] 奥古斯丁:《上帝之城》上卷,王晓朝译,人民出版社2006年版,第62—626页。
[2] 同上书,第628页。

这一使自然完美地臣服于恩典的奇思怪想（奥古斯丁写道："尽管经验无法证实这一点。"）使人类的肉体在堕落后显得更为淫荡。性器官不受控制的裸露是犯罪后本性开始腐化的符码，这一罪行通过人类的生育代代相传。

10.需要强调的是，上述言论是以悖论性的人类本性概念为基础的。这一概念和奥古斯丁信奉的原罪教义（即使"原罪"这一名词仍然没有出现）相一致，与伯拉纠的观念相抵触。这一概念在公元529年的奥朗日会议上获得认可后，在经院哲学中获得了充分的阐发。根据这一教义，人类本性是由亚当的罪行败坏的（"因为所有人都犯了罪"，《圣经·罗马书》[5：12]），因此不借助于恩典，人类就无法行善。但是，如果我们反躬自问，被败坏的是什么样的本性，答案其实并不简单。亚当实际上是在恩典中被创造出来的，因此他的本性就像他的裸体一样，从一开始就被神圣的礼物覆盖着。因为人舍弃了上帝，所以在犯下罪行后，他被扔回了自身，完全置身于本性的支配下。然而，恩典的丧失并不直接意味着会出现一种先在的、因此是未知的本性。相反，出现的只是一种堕落的本性，它源于恩典的丧失。随着恩典的丧失，一种原初本性开始显现，但它其实不再是原初的，因为只有罪才是原初的，因此这一本性仅仅是罪的衍生品。

因此，当托马斯·卡耶坦（一个敏锐的神学家，1518年他在天主教教会的命令下反对马丁·路德）对托马斯·阿奎纳的《神学大全》进行评论时，觉得有必要对裸体进行区分，从而对这一悖论进行说明，这并非巧合。他认为，假定"纯粹的"人类本性（不是由恩典创造的）和在起源上是神圣的但后来丧失了这一神圣性的本性之间的差异，和一个原本赤身露体的人和一个后来被脱光衣服的人之间的差异是一样的。这一比较不管是对本性还是裸体问题都很有启发性，它也阐明了把衣服与恩典、本性与裸体顽固地联系在一起的神学策略。正如一个人的裸体本身与被脱光衣服之后的裸体既相同又存在差异，丧失了非本性因素（恩典）的人类本性，也不同于蒙受恩典之前的人类本性。本性现在由它所丧失的非本性（恩典）来加以界定，正如裸体由被已经被脱去的非裸体性（衣服）来加以界定。本性与恩典、裸体与着衣，构成了一种独特的集合，它的每个部分都是独立自主的，但一旦分离，各部分将无法保持原样，至少就本性而言。这意味着裸体和本性因此是不可能的：存在的只是赤裸，只是堕落的本性。

11.《圣经》上并没有说，亚当和夏娃在犯罪之前无法看见自己的裸体是因为他们穿着恩典之衣，只是说，亚当和夏娃一开始赤身露体而不觉得羞耻（"当时夫妻二人还是赤身，却不觉得羞耻"）(《圣经·创世记》[2∶25])。堕落之后，他们觉得有必要用无花果树叶遮掩身体。因此，对神的命令的违抗意味着一种从无羞耻感的裸体向必须被遮掩的裸体的转变。

在《福音书》和未列入《圣经》的文本（这些文本我们继续毫无道理地称之为"外传"，意即"隐藏的"的文本）中反复出现的，是对无羞耻感的裸体的怀念，即经由罪而丧失的是无羞耻感的赤裸的可能性。在《多默福音》中，我们读到："他的门徒问：'你将什么时候向我们现身，我们什么时候才能看见你？'耶稣回答说：'当你们赤身露体而不觉得羞耻，当你们脱光身子并像孩子一样践踏衣服；那时你们就会见到永生的上帝之子，并且毫不畏惧。'"

在基督教最开始的200多年的传统中，人们赤裸身体却不觉得羞耻的唯一场合是受洗仪式，它主要是为成年人而不是为刚出生的婴儿举行的，婴儿受洗只是在原罪教义被整个教会接受以后才是必须的。在之前的受洗仪式中，新信徒被要求在全体成员的见证下赤裸身体浸入水中(我们的文化中对沙滩上的裸体的相对容忍可能正归因于受洗的这种仪式性赤裸,否则就无法解释)。耶路撒冷的济利禄在《教义问答》中对这一仪式进行了评述:"受洗者一进来就要立即脱光衣服,以表明与自己的过去及罪行告别……多么神奇!他们在大家的注视下赤裸身体而不觉得羞耻,因为他们是亚当——最早的人——的影像,亚当在伊甸园中赤身露体,但不觉得羞耻。"

被受洗者踩在脚下的衣服是"羞耻之衣",是我们的祖先被逐出伊甸园时所穿的"兽皮衣服"的遗留。在受洗后,它被白色亚麻布做的外套取代了。但受洗仪式中最重要的,正是把亚当式的没有羞耻感的裸体作为救赎的一种象征和保证。在圣伊西多罗的圣骨盒上,夏娃所怀念的正是这一裸体,因此她拒绝穿上神迫使她穿的外衣。

12."像孩子一样":婴儿般的赤裸是无羞耻感的

裸体的典范，这是一个古老的主题，它不仅出现在《多默福音》这样的诺斯替教派文本中，也出现在犹太教和基督教文献中。即使教义宣称原罪经由生育得到了传播，这隐含着对婴儿般的纯洁的否弃（因此，正如我们所见到的，有了对新生儿的受洗仪式），但婴儿对自己的赤裸毫无知觉，在基督教传统中，这经常被与伊甸园式的纯洁联系起来。公元5世纪的一个叙利亚文本这样写道："《圣经》上说'当时夫妻二人还是赤身，却不觉得羞耻'，意思是夫妻二人对自己的裸体毫无意识，就像婴儿一样。"尽管带着原罪的印记，但婴儿对于自己的裸体毫无意识，因此仍徘徊于某种边缘地带，对奥古斯丁所说的允许情欲出现的羞耻感一无所知。

正是基于这一观念，我们在宗教仪式中为男孩保留了歌唱的特权（有资料记载最早可以追溯到16世纪，当然并不仅限于这一时期），仿佛他们"白色的"歌声与青春期后"变异"的嗓音相比，包含着堕落之前的纯洁的标记。白色是受洗者脱下穿在身上的象征罪孽和死亡的衣服后得到的亚麻布外套的颜色。哲罗姆写道:"圣洁的白色,因为它不带任何死亡的痕迹,因此,受洗后,我们确实可以把腰束起来,把过去所有的罪孽耻辱遮盖起来。"公元1世纪昆体良就已经用白色(candida)一词来描绘人类声音的特质(当然,他指的并不是孩童的声音)。因此,在宗教音乐史上,我们甚至可以看到这样的企图,为了确保声音的纯洁性,在唱诗班男孩到达青春期之前给他们去势。"白色的声音"是这样一种暗号,它代表了对失去的伊甸园式的纯洁的怀念——对于某些我们不再能理解的事物的怀念,就像堕落之前的裸体。

13. 我们出乎意料地在萨特那里找到了一个关于神学概念持续发挥作用的浅显的例子。在《存在与虚无》讨论与他者关系的那一章中,萨特把裸体问题与淫秽和萨德主义联系起来。他使用的术语和奥古斯丁的非常接近——这种接近不能用共同的神学传承来解释，尽管我们所有关于肉体的词汇都来源于这一传承——以至于可以认为，这一联系是有意为之的。

在萨特看来，情欲首先是一种策略，它直接使"肉体"（在法文中是chair，意大利文中是carner）在他者身上呈现出来。阻碍这一身体的"肉体显现"（incarnation）（另一神学术语）的，与其说是通常用来遮盖身体的衣物和装饰，不如说是这一事实，即他者的身体总是"处于情境中的"：它总是处于完成这一或那一姿势、这一或那一动作的过程中，是为了实现头脑中设定的某一目标："他人的身体从根本上说是处于情境中的身体；肉体则相反，它显现为在场的纯粹偶然性。肉体通常被脂粉、衣服等掩盖着；尤其是被运动掩盖着，没有什么比舞女的身体'肉感'更差的了，即便她是赤裸的。情欲企图把身体从运动中剥离出来，就像把身体从衣服中剥离出来一样，并且使身体作为一个纯粹的肉体存在;情欲是使他人的身体肉体化的企图。"[1]

总是已然"处于情境中"的他者身体,这一存在方式就是萨特所说的"恩典":

> 在恩典中,身体显现为情境中的心理存在。它首先把它的超越性揭示为被超越的超越性;它在活动中并且从处境和所追求的目的出发得到理解。每种运动都是在从现在到将来的知觉过程中被把握的……正是运动的这种必然和自由的形象……构成了严格意义上的恩典……在恩典中,身体是表露自由的工具。恩典性的活动,因为它使身体表现为精确的工具,所以它在每时每刻都为身体存在的合理性提供证明。[2]

---

[1] 萨特:《存在与虚无》,陈宣良等译,三联书店2007年版,第477页,译文有改动,下同。
[2] 同上书,第489—490页,原书把Grace译为"优雅",本书都改为"恩典",因为阿甘是在神学的概念谱系中来讨论这一概念的。如译为"优雅",则丧失了这一神学意味。

甚至是恩典作为衣服阻碍了对裸体的感知这一神学隐喻也在这里出现了:"因此人为性是被恩典遮蔽和掩盖着的:肉体的赤裸完全是在场的,但是它无法被看见。因而恩典最高雅的姿态和最大限度的挑战,是展示没穿任何衣服、没饰以任何遮盖(除了恩典)的身体本身。最具恩典的身体是赤裸的身体,它自身的活动用看不见的衣服包裹着它,完全遮蔽了它的肉体,尽管肉体在目击者眼中完全是在场的。"[1]

萨德主义者要反对的正是这一恩典之衣,他要促成的特定的肉体显现是"猥亵",是恩典的丧失:"猥亵是一种为他的存在,它属于丧失恩典的类型……当恩典的某种元素在它的实现过程中受阻时……当身体接受了完全剥夺其活动并揭示其肉体惰性的那些姿态时,恩典的丧失就显现出来了。"[2] 这就是为什么萨德主

---

[1] 萨特:《存在与虚无》,陈宣良等译,三联书店2007年版,第490页。
[2] 同上书,第490—491页。

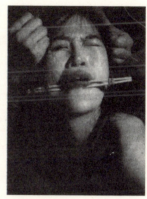

义者要用各种可能的方式来使肉体呈现出来,迫使他人的身体摆出各种不协调的姿势,显示其色情性,也就是说,显示其恩典的彻底丧失。

14.具有深厚神学渊源——即使不是有意的——的分析往往是切中要害的。最近在许多国家,一种萨德主义的出版物非常流行,在其描绘的最初场景中,日后的受害者穿着优雅,过着日常生活:微笑,和朋友逛街,或在浏览一本杂志。几页之后,读者突然发现，这个女孩被赤身露体地捆绑着，摆出一些非常不自然的痛苦姿势，甚至脸上的表情也完全丧失了优雅，脸被特定的器具折磨得完全变了形。萨德式的器具——包括皮带、鞭子、苦刑梨——在这里等同于罪的完美的亵渎物，在神学家看来，这剥下了恩典之衣，并且贸然地把身体中恩典的缺场释放出来，而后者界定了"赤裸的肉体性"。萨德主义者力图要抓住的无非是恩典的空壳，是"处境中的存在"的影子，或是投射在身体上的光明之衣。但正是出于这一原因，萨德主义者的欲望——萨特也注意到了这一点——注定要失败，因为他从来没有真正抓住他力图机械地促成的"肉体显现"。当然，欲望似乎获得了成果：他人的身体现在完全是色情的毫无生气的肉体，驯服地听从施虐者的摆布；它似乎完全丧失了自由和恩典。但正是施虐者的这一自由必定是无法获致的："施虐者越是热衷于把他人当作工具来对待，这自由就越是逃离他。"[1]

裸体，萨德主义者力图在受害者中得到的"猥亵"（在神学家看来，就像亚当的赤裸身体），无非是自由和恩典的本原性的易逝的支撑物。裸体必须被设定为是先于恩典的，这样罪才能发生。赤裸的肉体，就像赤裸的生命一样，只是罪行晦暗而无形的承担者。实际上，存在的只是赤裸，只是不断地从人身上除去衣物和恩典的行为。在我们的文化中，裸体终结于像克莱门特·苏西尼为托斯卡尼大公的自然历史博物馆创作的美丽的女性裸体蜡像。你可以逐层打开这一解剖模型，首先使腹部和胸隔膜显露出来，然后是仍然被更大的网膜覆盖着的肺和内脏，接着是心脏和肠，最后在子宫中，我们看到了一个小小的胚胎。但即使我们多次打开这一蜡像并仔细加以审视，这一被取出内脏的

---

[1] 萨特：《存在与虚无》，陈宣良等译，三联书店 2007 年版，第 496 页。

美丽裸体仍然是我们无法掌握的。因此，这一蜡像模型就注入了近乎神圣的不纯洁性。与本性一样，裸体是不纯洁的，因为它只有通过去除衣物（恩典）才能获得。

15.1981年11月，赫尔穆特·纽顿在《时尚》杂志发表了一张双联摄影作品，这个作品后来以"她们来了"为名轰动一时。在杂志的左边一页上，我们看到四个完全赤裸的女性（除了脚上的鞋，摄影师似乎没法连鞋也不要），摆出酷酷的走路姿态，就像时装秀上的模特。右边对着的那页上,同样的那几个模特摆出了同样的造型,但这一次她们都毫无瑕疵地穿着优雅的服装。和表象相反,这一双联作品所产生的独特效果是,这两组形象其实是完全一样的。模特们展示她们的裸体,就像在对面的一页上,她们用同样的方式展示她们的衣服。即使摄影师可能并不带神学意图,但这里无疑会使人想起赤裸/穿衣这一对立机制,并无意识地对其进行质疑。这一意图在两年后更为明显,两年后,纽顿在 Big Nudes 上重新发表了这幅双联作品,但调换了它们的顺序,把穿衣服的那幅放到了裸体那副的前面,就像在伊甸园里恩典之衣先于裸体一样。但顺序的调换并没有改变这张双联作品的效果:模特和观众的眼睛都还没有打开;这里既没有羞耻也没有荣耀。模特的脸进一步强化了两幅图片之间的相似性,它们表达的是同样的冷漠,这也是时装模特们惯有的表情。在描写人类堕落的作品中,脸往往是艺术家用来表现亚当和夏娃的悲伤、羞耻和沮丧的地方（我们首先想到了佛罗伦萨布兰卡契教堂中马萨乔画的壁画）——但脸在这里获得的是同样毫无表情的冷漠：它不再是脸。

要点在于，在纽顿的双联作品中，就像在比克罗夫特的表演中，裸体并没有出现。之前作为穿衣神学的前提的赤裸的肉体和堕落的本性都已经被清除了，因此赤裸不再需要揭示任何被掩盖的东西。唯一剩下

的是时装，也就是说，肉体和织物、本性和恩典之间的不确定因素。时尚是穿衣神学的一种亵渎的后裔，是对堕落之前的伊甸园境遇的商业化和世俗化。

16. 在《圣经·创世记》中，夏娃给亚当吃的果子来自于能辨识善恶的智慧树，根据蛇引诱他们的话，它能"打开他们的心眼"，教给他们关于善恶的知识（"那一天你们的心眼就必打开，你们必像上帝一样，能辨识善恶"《圣经·创世记》[3：5]）。事实上，吃下果子后，亚当和夏娃的眼睛立刻就明亮了，但《圣经》上描述他们立刻就明白的只是自己的赤身露体："他们二人的心眼一打开，他们看出自己是赤身露体。"因此，他们关于善恶的知识的唯一内容只是裸体。那么知识的这一最初对象和内容，也就是我们所谓的裸体，究竟是什么呢？通过对裸体的认知我们又懂得了什么呢？

在评论《圣经》中的这段话时，拉什写道："'看出自己赤身露体'这句话是什么意思呢?它的意思是说他们从上帝那里获得了一个信条,但又使自己摆脱了这一信条。"《创世记注》(*Genesi Rabbah*)解释说,亚当和夏娃被剥夺了因遵从上帝的命令而来的正义和荣耀。根据我们现今熟知的机制,关于裸体的知识再一次导致了某种匮乏:关于不可见的和非实体性事物(恩典之衣、遵从命令而来的正义)的知识已经丧失了。

然而,对于人类最初的知识在内容上的这一缺陷也可以有一种不同的解释。这一最初的知识缺乏内容,这实际上意味着它不是关于某物的知识,而是关于纯粹认知的知识。它意味着认识裸体不是去认识一个对象,而是去认识遮蔽物的缺场,认识认知的一种可能性。因此,当亚当和夏娃在伊甸园中第一次打开他们的心眼时,他们看见的裸体是真理的敞开,是"去蔽"(a-letheia,"揭示")的开始,没有它,知识就是不可能的。不再被恩典之衣覆盖的这一境况揭示的并不是肉体和罪的隐晦性,而是知识之光。在假设的恩典之衣后面什么也没有,正是什么也没有的这一境况,这一纯粹的可见性和在场,才是裸体。观看一个赤裸的身体意味着去感受其纯粹的可知性,这一可知性超越了任何秘密,超越了或先在于其客观属性。

17. 对于基督教神学来说,这类注解并不陌生。在东方传统中,以圣巴西略和大马士革的约翰为例,关于裸体的知识意指伊甸园中特有的出神状态和神佑的对自我无知觉的状态的丧失,以及人随之而来的要"填补其不足"的恶劣渴望。在罪之前,最初的人生活闲散而充实。心眼打开了的真正含义是闭上了灵魂之眼,把自身的完满和至福状态当成弱点和非实用性的(atechnia,欠缺实用知识的状态)。因此,罪揭示的并不是恩典之衣覆盖着的人类本性中的缺陷或不足,相反,在于把伊甸园情境中特有的完满体验为一种缺失。

圣巴西略写到，如果人还生活在伊甸园中，他早就应当拥有了衣服，它不是来自于自然界（像动物一样），也不是来自于技术手段，而是来自于和人对神的爱相当的神的恩典。通过迫使人类放弃伊甸园式的至福的沉思，罪使人类徒劳地追求技术知识和科学，使他们偏离了对神的观照。在这一传统看来，裸体不指向肉体，正如在奥古斯丁和拉丁传统的其他人那里一样，而是指向沉思——也就是对上帝的纯粹可知性的知识——的丧失，及其被实用知识和世俗知识的取代。实际上，当上帝使亚当昏睡，并在他身上取出一根肋骨时，亚当很享受这一在出神中达制其极限的沉思状态（奥古斯丁写道："通过出神，他进入了天堂，通过穿越上帝的圣殿，他知晓了秘密"）[1]。因此，堕落不是肉体的堕落，而是精神的堕落。在裸体以及纯洁的丧

---

1 Agostino Aurelio, *La Genesi alla Lettera*, a cura di L. Carrozzi, in Opere di Sant'Agostino,vol. IXl2, 19.

失中，重要的不是表达爱的这一或那一形式，而是知识的等级和样式。

18. 裸体——或者不如说是赤裸这一行为——作为一种知识密码，属于哲学和神秘主义词汇。这不仅是因为它和至高知识的对象即"赤裸的存在"相关，同时也是因为它和认知过程本身相关。在中世纪心理学中，知识的中介被称为形象、"幻象"或样式。产生完美知识的过程因此被描述为这一"幻象"逐渐显现的过程，幻象从感觉经由想象而达至记忆领域，被抽丝剥茧地一点点剥除了感性因素，从而把自身（一旦赤裸行为完成）表现为"可理解的样式"，一种纯粹的意图或形象。通过认知行为，形象完全赤裸地呈现出来，于是——阿维琴纳写道——"如果它还没有完全赤裸，那早晚会变成这样，因为沉思者剥开这一形象的行为如此彻底，以至于任何实体性的情感都无法继续隐藏在里面。"[1] 完整的知识是通过对裸体的沉思而获致的，是关于裸体的知识。

埃克哈特在他的一篇布道文中，进一步发展了形象和裸体之间的这一联系，他甚至把形象（与"赤裸本质"联系在一起）视作知识的纯粹的、绝对的中介："形象是一种单纯的、形式上的流溢，它整体上充满了赤裸的本质（亦即思辨者把握它的方式）……只有生命（vita quaedam）可以被设想为这样一种事物，即它开始在自身中自主地膨胀和颤栗（intumescere et bullire），而不用担心它同时会向外扩张（necdum cointellecta ebullitione）。"[2] 在埃克哈特的术语中，bullitio 指的是客体在上帝或人的头脑中的颤栗或内在紧张，而 ebullitio 指的是外在于精神的真实客体的状

---

1 Avicenna, *Liber de anima, seu, Sextus de naturalibus*, vol.1, ed. S. van Riet, Louvain, Peeters, 1972, pp.94-95.
2 Meister Eckhart, *Die deutschen und lateinishen Werke: Die Lateinishen Werke*, vol. 3, Stuttgart: W. Kohlhammer, 1994, pp.425-426（Latin Sermon 49）.

况。就其表现了赤裸的存在而言,形象是头脑中的事物和现实中的事物的完美中介。因此,它既不是纯粹的逻辑对象,也不是某种真正的实体:它是活的("某种生命"),它是事物以自身的可知性为中介的颤栗;它是形象允许自己被认知的颤动。埃克哈特的一个学生写道:"以物质方式存在的形式不停地颤抖,就像两片海洋之间波涛汹涌的海峡一样……这就是为什么关于它们的任何知识都无法确定和固定下来。"[1]

人类的赤裸身体就是它的形象,也就是说,是使这一身体可以被认知但同时又无法被把握的颤栗。这就是形象对人类的精神所具有的独特魅力。正因为形象不是物,而是物的可知性(其裸体),所以它既不表现物,也不意指物。然而,就其不过是把物献给知识,不过是揭开原本覆盖着的衣服而言,裸体与物又是不

---

[1] Vladimir Lossky, *Theologie negative et connaissance de Dieu chez Maitre Eckhart*, Paris: J. Vrin, 1973, p.117n.73.

可分割的：它就是物本身。

19. 既在其神学复杂性中对裸体进行思考，同时又超越神学视野，这一任务是瓦尔特·本雅明在他的著作中完成的。在他论歌德的《亲和力》的论文的最后，他结合主人公奥蒂莉（本雅明把她当成他当时的恋人尤拉·科恩）探讨了显现的美和遮蔽的美、表象与本质之间的关系问题。在美中，遮掩与被遮掩、遮蔽物与被遮蔽的事物之间被一种必要的关系联结着，这就是本雅明所说的"秘密"（Geheimnis）。因此，美就是这样一种事物，对它来说，遮蔽物是首要的。本雅明很清楚把遮蔽物与被遮蔽物联系在一起的这一论题所具有的神学深度，他提到了一个"古老的观念"，即被遮蔽物在去蔽的过程中发生了改变，因为它只能在遮蔽状态下才能"与自我保持同一"。因此，美在本质上是一种去蔽的不可能性；它是"不可揭示的"：

> 一旦揭开面纱,美的客体将无限地隐没……因此,在所有美的事物面前,揭示的观念成了对美的不可揭示性的认识……如果美的事物,而不是外在于它的任何东西,主要地作为被遮蔽物而存在,并且保持遮蔽状态,那么美的神圣根基将立足于秘密。在美中,表象不是物本身的不必要的掩饰,而是物为我们所作的必要的掩饰。这样的掩饰在某些时刻是必要而神圣的,正如同样神圣的还有,不合时宜的揭示导致了潜在的事物消失于无形,于是揭示消融了所有的秘密。[1]

在美的领域把遮蔽物与被遮蔽物紧密联系起来的法则,在面对人类及裸体问题时,出人意料地显出了短处。由于遮蔽物与被遮蔽物的统一,本雅明认为,

---

[1] 本雅明:《本雅明文选》,陈永国、马海良编,中国社会科学出版社1999年版,第108页,译文有改动,下同。

美只有在赤裸/穿衣这一二元对立不再存在的地方才具有本质性的存在，只有在艺术和赤裸的自然现象中才存在："相反，这一二元性的自我表达越是清晰，为了最终在人身上得到至高的肯定，那么越清楚的就是，在没有遮掩的裸体中，本质的美已经消失，人类的赤裸身体取得了一种超越所有美的存在——崇高——获得了一种超越所有创造的作品——即造物主的作品。"[1]

在人的身上，尤其是在歌德的奥蒂莉身上——在小说中，她是这一纯粹表象的典范——美只是表象。因此，在艺术作品和自然作品中适用的是"非去蔽"原则，而在人的身上适用的则是相反的原则："没有什么活着的东西是不能去蔽的。"[2] 因此，不仅裸露的可能性使人类之美注定显现出来，而且在某种程度上可揭示性就是其密码：在人的身上，美本质上无限地是"可

---

[1] 本雅明：《本雅明文选》，陈永国、马海良编，中国社会科学出版社1999年版，第109页。
[2] 同上书，第111页。

揭示的"；它总是可以展现为仅仅是表象。然而，这里存在一条界线，在此界线之外不存在一种不可被进一步揭示的本质，也不存在一种堕落的本性（natura lapsa）。这里人们碰到的仅仅是面纱本身，表象本身，它不再是任何事物的表象。这一无法消除的什么也不会在其中显现的表象的剩余，这件没有人再可以穿上的衣服——就是人类的裸体。这是当你揭开美的面纱时剩余的东西。这是崇高，正如康德所说的，因为通过感觉来表现观念的不可能性在某一时刻被一种更高层级的表现逆转了，可以说，在那里被表现的东西正是表现本身。正是通过这一方式，表象在没有遮掩的裸体中呈现出来，并把自己展现为无尽的隐退，无尽的对秘密的疏离。因此，崇高是展现自身虚空的一种表象，在这一展现中，它使得隐没得以发生。

因此，在本雅明文章的结尾，正是表象被"寄予了厚望"，而认为获得善的表象的欲望是荒谬的这一原则,"遭遇了其独特的例外状态"[1]。如果美在其最隐秘的条件下,曾经是秘密——即表象和本质、遮蔽物和被遮蔽物之间的必然联系——那么表象在这里使自己脱离了这一结合,并使自身作为"善之表象"而暂时发出光芒。因此,从这一星座而来的光线是模糊的,只能在某些诺斯替文本中找到:不再是美的必然的"不可揭示"的遮掩,而只是表象,这一表象不再显现任何事物。这一无内容的表象——人类裸体秘密的崇高缺席——表现得最明显的地方就是人的脸。

20.19世纪20年代末30年代初,本雅明与一个社交圈交往密切,这个圈子中有几位非常有魅力的女士,她们是格特·维辛、奥拉·帕列姆和埃娃·赫尔曼,本雅明认为她们都和表象具有同样特殊的关系。1931年5、6月间,本雅明仍然停留在法国的里维埃

---

[1] 本雅明:《本雅明文选》,陈永国、马海良编,中国社会科学出版社1999年版,第113页。

拉，在写于这一时期的日记中，他试图描述这一关系，并把它与数年前在论述歌德小说的文章中的观点联系起来。他写道：

> 施派尔的妻子向我们讲述了埃娃·赫尔曼在其情绪极其低落的时候说过的惊人之语："我不开心并不意味着我需要时刻苦着个脸。"这使我明白了很多事，首先是，这些年里我与格特、埃娃·赫尔

曼这些人的初步交往,仅仅是我最基本的一个生活体验的微弱的、迟到的回响:对表象(Schein)的体验。我昨天与施派尔讨论了这一话题,他也从他的角度出发思考了这些女性,并得出了有趣的结论,认为她们没有荣誉感,或者说她们所理解的荣誉感就是想到什么说什么。这一观察非常准确,这证实了她们在表象方面感受到的责任的深刻性。因为"什么都说"首先意味着摧毁已经说过的话;或者说,一旦摧毁,再把它变成一个对象。只有当它是显在的时,她们才能吸收它。[1]

我们可以把这一态度界定为"美的虚无主义",这在很多漂亮女性那里很常见,它把自身的美缩减为纯粹的外观,并用一种疏远的、略带伤感的方式来展现

---

1 Walter Benjamin, *Tagebücher*, in *Gesammelte Schriften*, Band VI, Suhrkamp, Frankfurt-am-Main,1985.

它，同时坚决反对这一观念，即美可以意指自身以外的事物。但正是这一自身幻象的缺失——这一美力图达致的毫无遮掩的裸体——成了致命诱惑。美的这一祛魅，这一特殊的虚无主义，在人体模特或时装模特那里走向了极端，她们最先学到的东西就是从脸上抹去任何表情。这样，她们的脸就只具有纯粹的展示价值，并因此获得了一种特殊的诱惑力。

21. 在我们的文化中，脸与身体之间的关系具有一种根本的不对称性，我们的脸绝大部分时间都裸露着，而身体通常被遮盖起来。与这一非对称性相呼应的是头部的重要地位，这在很多地方都体现出来了，并且在各个领域基本是一致的：从政治领域（最高权力通常被称作"首脑"）到宗教领域（保罗关于基督的头部的隐喻），从艺术领域（人像可以有头没有躯干，但不能有躯干没头，这在裸体画中很明显）到日常生活领域，头部都是完美的表达部位。能证明这最后一点的是,尽管其他动物的身体通常表现得颇具活力,有醒目的标志(美洲豹的豹纹,山魈的火红的性器官,同样还有蝴蝶的翅膀、孔雀的尾巴),但人类身体却缺乏任何明显的标志。

当我们赤身露体时会感到羞愧,我们的脸上会无法抑制地泛起潮红,这是人脸在表达上的优先性的确证,同时也是其弱点所在。这可能就是为什么,对裸体的坚持似乎质疑了脸的首要地位。一个美的赤裸身躯可以盖过脸,或使它消失于无形,柏拉图在他谈论美这一主题的《卡尔米德篇》中已经对此做出了清晰的阐述。卡尔米德,柏拉图的这篇对话以之为名的这个年轻人,有一张秀美的脸,但是,正如其中的一个对话者所评论的,他的身体如此俊美,以至于"假如他一丝不挂,你将不再注意到他的脸"(他实际上将变成"无脸的",aprosōpos)。赤裸的身体可以挑战脸的首要地位,从而把自己作为脸的替代,那些被控诉会使用巫术的女人们在被追问为什么在安息日亲吻撒旦的屁股时,她们的辩解实际上暗含了这一观念:那儿也是脸。同样,在拍摄色情图片的第一阶段,模特必须摆出一副浪漫的迷离表情,仿佛看不见的镜头在她们的私密闺房里将她们吓了一跳。但这一程序很快就调整过来了,现在脸的唯一职责仿佛是表达赤裸身体被展示给观众的凝视时的无羞耻感。现在,裸露的脸(sfacciataggine,从词源上说,就是脸的丧失)成了毫无遮掩的赤裸身体的必要对应物。现在,脸作为裸体的共谋——当它盯着镜头或向观众使眼色时——使秘密的缺席暴露出来;它表达的仅仅是让你看到的东西,是一种纯粹的展示。

22. 欧坦的奥诺里于斯的《自然的要义》(*Clavis Physicae*)一书的手稿中有一幅小插图,画的是一个人(也许是作者自己)举着一条饰带,上面写着:"他想揭示事物被遮蔽的秘密。"[1] 人们可以把裸体界定为这样一种遮蔽，即揭示已经不再可能。我们应该在这一意义上来理解歌德的名言，即"美永远无法揭示自身"[2]。只是因为美最终仍然是一种"遮蔽"，只是因为它仍然是"不可解释的"（从词源上说，它无法被呈现出来），表象——在裸体中达到了顶点——才能被称作美。裸体和美无法呈现，这并不是说它们包含着无法揭示的秘密。这样一种表象将是神秘化的，但正是出于这一原因，它将不再是一种遮蔽，因为在这种情况下，人们总是继续寻找潜藏的秘密。另一方面，在不可呈现的遮蔽中不存在秘密；赤裸，把自己表现为纯粹的表象。用微笑展示着其赤裸性的美丽的脸庞唯一能说的就是："你想刺探我的秘密吗？你想揭开我的面纱吗？

---

1 Honorius Augustodunessis, *Clavis Physicae*, ed. P. Lucentini, Rome: Edizioni di storia e letteratura, 1974, illustration 1.
2 Johann Wolfgang von Goethe, *Maxims and Reflections*, trans. E. Stopp, London: Penguin, 1998, p.29.

尽管看吧！看这绝对的、无法原谅的秘密的缺场！"因此，裸体的要义仅仅是：haecce! 此外无他。然而正是在裸体经验中对美的这一祛魅，这一超越了所有秘密和意义、崇高但又鄙俗的对外观的展示，在某种程度上可以冲淡神学机制，使我们超越恩典的荣光和本性堕落的幻觉，看见一个单纯的、隐秘的人类身体。因此，这一机制的钝化追溯性地既作用于本性也作用于恩典，既作用于裸体也作用于穿衣，把它们从神学标记中解放出来。这一单纯的对无秘密的表象的驻足是其特有的颤栗——这就是裸体，正如唱诗班男孩的"洁白的"歌声一样，裸体并不意指什么，并且因此穿透了我们。

第八篇　荣耀的身体

1. 荣耀的身体问题，也就是说，在天国中得到复活的身体的本质和特征问题（以及更普遍的生命问题），是神学中最重要的章节，在文献中它们一般被归在"最后之事"的红色标题下。然而，罗马教廷为了与现代性达成妥协，决定用一种相当草率的方式关上用来讨论这些"最后之事"的末世论的大门，或者说，它冻结了这些如果不是说过时了，那么至少也是麻烦的讨论。但是只要关于肉体复活的教义仍然是基督教信仰的一个基本组成部分，那么这一僵局必然还是个问题。接下来我们将重新讨论这一冻结的神学主题,并讨论一个同样必须面对的问题:肉体生命的伦理和政治地位(复活的身体在数值和实体上跟尘世生活中的肉体是一样的)。这就是说,我们将把荣耀的身体作为一个范式,来探讨人类身体的形象和可能的使用方式。

2. 神学家必须面对的第一个问题就是复活的身体的身份问题。假定灵魂将再次与同一个肉体结合,那么它的身份和完整性该如何界定呢?初步的一个问题涉及复活的年龄:他们应该从死亡的那一刻重新开始吗?老人还是作为老人,孩子还是作为孩子,成年人还是作为成年人?托马斯·阿奎那回答说,人复活时不应再带有任何本性上的缺陷。但人的本性的欠缺可能来源于尚无法达至人生中的完美阶段(就像婴儿一样),或者是渡过了人生中的完美阶段(就像老人一样)。因此,复活将把每一个人带回到与年轻时相对应的完美状态中,也就是说,基督复活时的年龄段(30

岁左右)。天国是由30多岁的那些人构成的,他们基本上能在成熟与衰老之间保持平衡。此外,他们的身体仍然保留着使彼此得以区分的差异性,其中最基础、也最至关紧要的是性别差异(这和某些人的观点相反,他们认为,既然女性本身是不完美的,那么复活之人都将成为男性)。

3. 更为微妙的是复活的身体和尘世的身体之间的物质同一性问题。我们该如何来构想这两个身体之间每一个物质颗粒之间的完全的同一呢?肉体所分解的每一粒尘土都能复归原来的位置吗?这恰恰是困难所在。我们当然赞同,一个最终做出了忏悔并得到拯救的小偷,当他复活时,他被砍下的手应当和他的身体重新结合在一起。但是,怎么处理亚当的肋骨呢?上帝从亚当身上取出肋骨是为了创造夏娃:那么,它应当是在亚当还是夏娃的荣耀的身体中复活呢?食人狂的问题又怎么处理:他吃下去并加以消化的人肉是在他的受害者身上还是在他自己身上复活呢?

一个使教会神父们的精妙学问颇受考验的假说与一个食人狂的故事有关,这个食人狂只吃人肉,其至只吃胎儿,后来生了一个儿子。根据中世纪科学的解释,精子是由食物消化吸收的超出或剩余部分产生的。这意味着同一块肉将分属于多个人(被吃的人和他的儿子),因此它不得不在不同的身体中复活,这几乎是不可能的。对阿奎那来说,这导致了一种所罗门式的分裂:

> 如果胚胎一开始没有作为理性的灵魂存在,那么它们就不会参与复活。但在这个阶段,母体的子宫已经给精子提供了新的营养物质。因此,假定某人吃了这样的人类胚胎,并通过这一食物的剩余来进行生育,那么精子物质将会再一次在其生育的后代的身体中出现,除非这一精子没有

包含被吃之人的精子成分,那么被吃之人的精子成分将再一次在自身而不是食人者的后代的身体中出现。而没有转化成精子的被吃下的肉体的其他部分,显然也将在被吃之人那里得到复活,而神力将介入以补足其缺失的部分。[1]

4. 对复活之后的身份问题,奥里金给出了一个更简单明了的方案。他提出,在每一个个体那里始终不变的是形象(eidos),尽管不可避免地会出现细微变化,但我们每次遇见这一个体都会认出它来。这一形象同样也保证了复活的身体的同一性:"由于我们的形象从婴儿期到老年都是一致的,即使我们的生理特征经历了一个持续的变化,同样,这一贯穿我们尘世生命的形象将在来世复活,并与之前保持一致,当然

---

[1] Saint Thomas Aquinas, *Summa Theologica*, 5 vols., Westminster, MD: Christian Classics, 1981, p. 2887.

它会变得更好、更为荣耀。"就像奥里金的其他许多理论一样,这一"形象"复活说被视为异端邪说。然而,对完整的物质身份的关注逐渐被这样一种观念所取代,即人类身体的每一部分就其特征(种属)而言保持不变,尽管其物理构成经历了一个持续的盛衰过程。阿奎那写道:"就像人体是由每个部分构成的,城市的人群也是由个体构成的,当个体死亡时,他的位置将被其他人取代。从物质的角度来看,构成人群的个体发生了更替,但人群在形式上保持着同一性……同样,在人类身体中,衰老的部分被新生的部分取代,后者具有同样的形式,占据同样的位置,因此所有的部分在物质上都经历了一个盛衰过程,然而人体在数值上保持着一致。"[1] 天国中的同一性范式不是物质上的完全相似,不是全世界警察机构今天都力图借助生物统计

---

1 Saint Thomas Aquinas, *Summa Theologica*, 5 vols., Westminster, MD: Christian Classics, 1981, p. 2887.

学设备加以建构的完全同一,而是形象,即身体与自身的相似性。

5.一旦荣耀的身体和尘世的身体之间的同一性问题得到了解决,那么接下来要弄清楚的就是二者之间如何区分的问题。神学家列举了荣耀的四大特征:无知觉、精妙、机敏和明晰。

复活的身体是无知觉的,这并不是说它没有感知力,感知力是身体的完美状态不可或缺的。缺乏感知力,复活的生命将陷入某种沉睡状态;也就是说,只具有一半的生命力。相反,无知觉意味着身体将不被使它远离完美状态的狂野激情所左右。实际上,荣耀的身体的所有部分都将听命于理性精神的指引,而理性精神则完全臣服于神圣意志。

一些神学家对天堂中可以存在嗅觉、味觉、知觉这样的观念不以为然,把所有的感官都排除在天堂之外。阿奎那和大多数基督教神父一样,也反对这一割裂。复活之人的嗅觉不应当与对象割裂开来："教会音乐的歌词中不是说，圣人的身上散发出一种馨香？"[1] 在其庄严的状态中，荣耀的身体散发出来的气味实际上将祛除任何物理上的湿气，就像气体蒸馏提炼时所发生的那样。因此，复活之人的鼻子将不受湿气所阻碍，能感受到最细微的差别。虽然不再有对食物的需求，但味觉也将被唤醒，可能是因为"在复活之人的舌头上有一种美味的体液"[2]。触觉将触碰到身体中的特定性质，它似乎预示了形象中的那些非物质特性，现代艺术史家称之为"质感"。

6. 我们该如何来理解荣耀的身体的"精妙"本质呢？在被阿奎那视为异端的一种观点看来，作为一种极端的纯净，精妙使复活的身体近乎于空气和风，因

---

[1] Saint Thomas Aquinas, *Summa Theologica*, 5 vols., Westminster, MD: Christian Classics, 1981, p.2897.

[2] Ibid., p.2899.

此可以被其他身体所穿透。它们是如此的不易觉察,以至于很难与呼吸或灵魂区分开来。这样一种身体因而可以同时占据已经被其他身体占据的空间,不管这一他者的身体是不是荣耀的身体。为了反对这一超常规的解释,主流的观点捍卫以下这一观念,即完美的身体具有一种延展的、可触摸的特性。"上帝将带着荣耀的身体复活,但他仍然是可以触摸的,正如《福音书》上所写的:'感受我并看到我,因为灵魂不具有肉体和骨骼。'因此荣耀的身体将是可以触摸的。"[1] 然而,由于它们完全屈从于灵魂,它们也可以选择不展现触觉,并且由于其超自然的特性,使自己不为非荣耀的身体所感知。

7. 机敏是指移动灵巧,毫不费力、毫无障碍。在这一意义上,完美地臣服于荣耀的灵魂的荣耀的身体

---

[1] Saint Thomas Aquinas, *Summa Theologica*, 5 vols., Westminster, MD: Christian Classics, 1981, p.2906.

将被赋予机敏性,并且"在所有的行动和行为中时刻迅捷地听命于灵魂"[1]。和那些认为荣耀的身体可以从一个地方移动到另一个地方而无需经历其间的任何过程的观点相反,神学家们再次重申了他们在这一问题上的立场,他们认为这和肉体的本质是相矛盾的。但和那些把运动视作某种堕落、视作身体的某种不完美(就其位置而言),从而颂扬荣耀的身体的静止性的观点相反,神学家们把机敏视作某种恩典,可以使复活之人迅捷地、毫不费力地去任何想去的地方。就像舞者一样,他们在空间中的移动既不受目标也不受必然性的驱使,复活之人在天国中移动只是为了展示他们的机敏性。

8. 明晰(claritas)可以从以下两个方面来加以思考:像金子一样闪闪发光(由于其致密),或像水晶一

---

[1] Saint Thomas Aquinas, *Summa Theologica*, 5 vols. Westminster, MD: Christian Classics, 1981, p.2907.

样晶莹剔透（由于其透明）。在罗马教皇格雷戈里一世看来，复活的身体在这两个方面都具有明晰的特性：既像水晶一样透明，又像黄金一样致密。正是荣耀的身体发出的这一光辉，能够被非荣耀的身体所感知，而其发出的光芒由于复活者的性质也会有所不同。光芒的明晰程度只是荣耀的身体之间的个体差异的最外在表征。

9. 无知觉、精妙、机敏和明晰——作为荣耀的身体的表征甚至是装饰——并不表现任何特定的难点。每一方面无非是要确证复活之人具有身体，这一身体和他之前在尘世拥有的身体是一样的，即使它无可比拟地是更好的。更为困难但更具决定性的问题是，这一身体如何施展其生命机能，也就是说，荣耀的身体如何实现其生理机能。正如我们所看到的，身体是作为一个整体复活的，带着尘世生活时的所有器官。因此，复活之人将根据他们的性别永远拥有阴茎或阴道，并且都有肠和胃。如果他们不需要生育也不需要进食，这是显而易见的，那么要这些器官有什么用呢？血液当然还会继续在他们的动脉和静脉中循环，但毛发和胡须还会在他们的头上和脸上继续长出来吗？指甲也会毫无意义地恼人地疯长吗？在处理这些微妙的问题时，神学家们遇到了一个决定性的悖论，它似乎超出了他们的概念策略的极限，但同时也构成了一个场域，使我们可以思考一种不同但又可能的使用身体的方式。

10. 阿奎那在探讨体液（血液、乳汁、胆汁、汗水、精液、黏液、尿液等等）复活这一令人尴尬的问题之前，同样探讨了毛发和指甲的复活问题（神学家中似乎很少有人认为这是适合于讨论的跟天国相关的问题）。有生命的身体被称为"有机的"，因为灵魂像使用工具一样使用身体的各个部分。在身体的这些部分中，有些是不可或缺的功能性的（心脏、肝脏、手），有些是为这些功能性器官提供保障的，例如头发和指甲，它们在荣耀的身体中也将得到复活，因为它们用自己的方式为人性的完美作出了贡献。时装模特和色情演员完全脱去毛发的身体跟荣耀是毫不相关的。此外，因为很难想象天国里也有美发店和美甲店，我们只好假定（神学家们也没有讨论这一问题），就像复活之人永远停留在某个年龄段一样，他们的头发和指甲的长度也是如此。

至于体液问题，阿奎那的解决办法显示，即使是在 13 世纪，教会已经在设法调和神学和科学需求的问题。一些体液——包括尿液、黏液和汗液——实际上是和人的完美状态无关的，因为它们是自然通过代谢排出的剩余：因此，它们不会得到复活。另外一些体液的用途仅限于通过生育（精液）和抚养（乳汁）的手段在其他个体中保留种属，它们也不会得到复活。中世纪医学熟知的其他种类的体液——首先是界定了人的体质的四种体液：血液、黑胆汁、黄胆汁、黏液，后来又增加凝露、形成层、胶质层——将在荣耀的身体中复活,因为它们直接指向人性的完美,并且是其不可或缺的成分。

11. 荣耀的身体的生理机能在无性生命的两大主要功能——性生殖和抚养——方面遭遇了关键性挑战。如果执行这些功能的器官——睾丸、阴茎、阴道、子宫、胃和肠道——在复活时也是必不可少的,那么,它们将承担什么功能?"生育的目的是增加个体数量,而抚育的目的是为了保存个体生命。然而,在复活后,人类将到达上帝所提前设定的理想人数,而身体将不再经历衰老或生长的过程。因此生育和抚养不再有存在的必要。"[1]

然而,这些器官不可能是无用的、多余的,因为在完美人性的状态中,没有什么是多余的。正是在这

---

1 Saint Thomas Aquinas, *Summa Theologica*, 5 vols., Westminster, MD: Christian Classics, 1981, pp.2891-2892.

里，身体的其他使用方式第一次得到了阐述，尽管是磕磕绊绊的。阿奎那的策略是清晰的：使器官与其特定的生理功能区分开来。每个器官，就像任何工具一样，都以功用为目的；但功用没有实现并不意味着工具就没有用处了。器官或工具与其功能区分开来，从而处于某种悬置状态，它们因此获得了一种明示的功能；展现了与这种悬置的功能相对应的善。"工具不仅对人起到辅助的作用，同时也展现了本身的善。"[1]就像在广告和色情图片中，商业或身体的拟像只具展示性而毫无实际用处，它们正是在这一点上施展了其诱惑力，因此，复活中被闲置的性器官将展现生育的潜能或善。荣耀的身体是明示的身体，它只具有展示性功能，而不具有实际功能。在这一意义上，荣耀是与无功用性（inoperosità）紧密联系在一起的。

---

[1] Saint Thomas Aquinas, *Summa Theologica*, 5 vols., Westminster, MD: Christian Classics, 1981, p.2882.

12. 我们有可能基于荣耀的身体失去作用或不再被使用的器官，来探讨身体的不同的使用方式吗？在《存在与时间》一书中，不再有用的工具——例如断裂的锤子——脱离了上手（Zuhandenheit）的具体领域（在那里它们总是为可能的用途随时做好准备），进入在手（Vorhandenheit）领域（也就是纯粹可得而没有任何用处）。然而，这并不意味着工具的另一种使用方式；它只是表明它的存在超出了任何可能的用途，哲学家把后者与主宰我们日常生活的一种异化的存在概念联系在一起。就像丢勒作品中散落在忧郁天使脚边的各种人类工具，也像孩子们游戏之后散落一地的玩具，脱离了使用功能的客体成了谜，甚至使人不安。同样，复活之人身体中永不再使用的器官——即使它们展现了人类特有的生育功能——并不表现这些器官的其他用途。复活之人的明示的身体，不管它看上去多么真实和"有机"，其实外在于任何可能的使用领域。

可能没有什么比荣耀的阴茎更让人不可思议的了,也没有什么比纯粹荣耀的阴道更为诡异的了。

13. 1924 到 1926 年间,哲学家阿尔弗雷德·佐恩—雷特尔生活在那不勒斯。他通过对渔夫尽力驾驭小摩托艇、司机努力发动废旧汽车的观察,提出了一种关于技术的理论,他开玩笑地称之为"关于机器坏了的哲学"(filosofia del rotto)。[1] 在佐恩—雷特尔看来,只有当某个东西坏了的时候,它才对那不勒斯人有用。他的意思是,那不勒斯人总是在技术工具坏了的时候才开始使用它们。一个完整的运行良好的事物总是让那不勒斯人烦恼,因此他们总是回避它。并且,通过把木块推到合适的位置,通过在合适的时机顺手做一些小的调整,那不勒斯人使他们的工具按照他们的意愿发挥作用。佐恩—雷特尔评论道,这一行为包含了

---

1 Alfred Sohn-Rethel, *Das Ideal des Kaputten*, Bremen, Wassmann, 1990.

一种比我们日常的技术范式更高的范式：当人们能够对机器盲目、充满敌意的自动性提出反抗，并学会如何把它们应用到未知的领域和使用中去时，真正的技术才开始出现，就像卡普里岛大街上的一个年轻人把一个坏了的摩托引擎改装成了一个可以制作冰激凌的设备。

在这个例子中，引擎继续转动，但完全基于新的欲望和新的需求。无法使用在这里不是停留于自身，而是成为一种敞开，成为一种"开门咒语"，指向一种新的使用方式的可能性。

14. 在荣耀的身体中，器官与其生理功能的分离第一次成为了可能。但对身体的其他可能的使用方式进行探索——正是这一分离使我们得以开启的——仍未有效展开。在其位置上，我们找到的是荣耀，它被视为无功用性在特定领域的凸显。对器官脱离其生理功能的展示或空洞地重复其功能，这无非是为了显示上帝的荣耀,正如罗马凯旋中胜利的将军展示其武器和勋章,它们既是荣耀的象征,同时也是实现荣耀的方式。复活之人的性器官和肠道仅仅是神圣荣耀镌刻在其罩袍之上的秘密符号和象征花纹。尘世的礼拜仪式,就跟天国中的一样,无非是对无功用性的无尽展现,并把它置换到对上帝的无上荣耀的崇拜中去。

15.20 世纪,法国一位神学家在其论文《人类生活的终极目标》中提出,是否有可能赋予复活之人全部营养机能?出于可以理解的原因,他对营养功能问题尤其感兴趣。他认为,肉体生命主要是由营养机能构成的。因此,复活之后得到完美重生的肉体生命不能不包含这一功能。他写道:"实际上,我们有理由相信,营养潜能不仅没有在复活的身体中遭到废弃,反而用一种令人称奇的方式进一步发挥了作用。"[1] 在荣耀的身

1　Vitus de Broglie, *De fine ultimo humanae vitae*, Paris: Beauchesne, et ses fils, 1948, p.285.

体中坚持这一营养机能的范式是复活之后耶稣和弟子分享的圣餐(《新约·路加福音》[24：42—43])。神学家们带着他们一贯的单纯的学究气自问,耶稣吃下去的烤鱼会被消化吗?消化吸收后的食物残渣最终会排出体外吗?一个最早可以追溯到该撒利亚的巴西略和东正教神父的传统认为,在耶稣生前和复活后,他吃下的食物都被他的身体充分吸收了,以至于没有任何食物残渣需要排出体外。另外一种观点认为,在基督的荣耀身体中,就像在复活的其他身体中一样,食物通过某种神奇的蒸发被迅速转化成了精神物质。然而,这意味着(奥古斯丁是第一个得出这一结论的)荣耀的身体——以耶稣为首——尽管不需要任何形式的营养,但仍然用某种方式保留着营养机能。用某种不必要的方式,或因为某种崇高的自以为是,复活之人将吃下他们的食物并加以消化,尽管他们实际上并没有这一需求。

既然排泄跟消化吸收同样重要，那么，在荣耀的身体中，就会有物质从一种形式向另一种形式的转换——因而同样有某种形式的代谢物和废弃物——为了回答这一反驳，上述神学家提出，在自然的运行中没有什么本身是毫无价值的："正如人的身体中没有哪个部分是毫无价值的，因而不值得提升进荣耀的生命一样，没有任何身体机能可以被认为是毫无价值，从而无法参与这一生命进程……认为我们的肉体生命只要不同于我们的当前状况，便更值得接受上帝的荣耀，这是一种错误的想象。上帝从不用其超常的天赋来违背自然法则；相反，他用其神圣的智慧来补充和完善这些法则。"[1] 存在一种荣耀的排泄，它的存在只是为了显示自然功能的完美，但神学家们对其可能的用途仍然保持沉默。

1　Vitus de Broglie, *De fine ultimo humanae vitae*, Paris: Beauchesne, et ses fils, 1948, pp.293-294.

16. 荣耀不过是在一个特殊领域把无功用性独立了出来：礼拜或圣餐仪式。用这一方式，原本只是朝向一种新的使用方式的可能性，现在被转化成了一种永恒的状态。身体的新的使用方式只有在以下条件中才是可能的，即把无功用性独立出来，成功地在一个位置、一种姿态中把机能的运行与停顿、实际的身体与荣耀的身体、功用及其悬置结合起来。生理机能、无功用性和新的使用方式共存于身体的某一张力领域中，无法脱离这一领域。这是因为无功用性不是惰性；相反，它使行为中已经表现出来的潜能呈现出来。它不是在无功用性中失效的潜能，而是已经铭刻在器官的机能运行中并已分离出来的目标和模式。正是这一潜能，才能造就具有可能的新用途的器官，造就生理机能被悬置并失去作用的身体器官。

使用一个身体，使它为实现一个特定的目标发挥作用，那是另一回事。我们在这里要处理的也不是简单而枯燥的目的性缺失的问题，后者经常混淆了伦理和美。相反，这里要做的是使任何朝向某个目的的行为实践变得无效，从而开启一种新的使用方式，这不是对旧的使用方式的废弃，而是始终立足于旧的使用方式并使它呈现出来。情欲和所谓的变态行为所达成的，就是每一次在使用营养和生殖器官时，都在使用中使它们脱离生理意义，朝向一种新的和更人性化的运行。或者可以想象一下舞者，他或她分解或打乱身体运动的节奏，以便在舞蹈编排中既完整地又理想化地重新发现这一节奏。

赤裸的、单纯的人类身体在这里不是被移置于一个更崇高的实在领域；相反，它是被从一种巫术中解放了出来，这一巫术曾使它与自身分离，这一身体仿佛第一次获得了通向自身真理的途径。因此，嘴巴只有当它将被亲吻时才真正成为嘴巴；最为私密的部分成了共享的、享乐的部分；习惯性的姿势成了无法辨认的书写,其隐藏的意义被舞者揭示了出来。就器官和客体具有潜能而言,它们的功用绝不是私下的、个体性的,而只能是公共的。正如本雅明所说的,使身体瘫软的性满足割裂了人与自然之间的联系,因此,观照并展现其潜能的身体通过其姿态进入了第二性的、最终的自然(它不过是第一自然的真理)。荣耀的身体不是他者的身体,更为机敏和优美,更为光辉和更具精神性;它就是身体本身,这时无功用性去除了身体上的魔咒,并使它朝向一种新的可能的公共用途。

第九篇　公牛般的饥饿：关于安息日、庆典和安歇的思考

1. 在庆典和安歇之间存在着一种特殊的关联，这在犹太教的安息日中明显地表现出来。犹太教最完美的庆典日——对他们来说，这是信仰的范式，以及某种程度上日常庆典的原型——在以下事实中找到了其神学范式，即被称作神圣的不是创造这一工作，而是所有工作的停顿：

> 第七日，上帝完成了造物的工作，就在第七日放下一切工作安歇了。上帝赐福给第七日，定

为圣日,因为上帝在这一日安歇,放下了创造万物的一切工作。(《圣经·创世记》[2:2—3])

要谨记安息日,奉为圣日。六天要从事劳动,做一切工作。但第七天是耶和华你上帝所定的安息日。(《圣经·出埃及记》[20:8—10])

以色列人庆祝安息日时的情形被称为 menucha(据圣经古希腊文译本和斐洛的解释),即安歇。这一情形不仅限于世人;它也是界定上帝本质的欢乐祥和的现实(斐洛写道:"只有上帝是一种真正安歇的存在……安息日意味着安歇,它是上帝的安息日。")[1]。当耶和华提到《圣经·诗篇》中等待着的末世论反对者时,他说道,这些不虔诚者"断不可进入我所定的安息之地"(《圣经·诗篇》[95:11])。

---

1 Filone di Alessandria, *Commentario allegorico alla Bibbia*, a cura di R. Radice, Bompiani, Milno, 2005.

因此，犹太教传统致力于（以其一贯的一丝不苟）界定不允许在安息日从事的活动。《密西拿》(Mishnà)列举了39种以色列人在安息日要尽量避免的活动(melachot)：从收割、播种到烘焙、制作面食，从编织、拆解线绳到制作皮革，从写字到点火，从搬运东西到解开绳扣。实际上，根据口述传统的宽泛解释，这些被禁止的活动包括了劳动和生产的整个领域。

2. 这并不意味着，人们在安歇日必须弃绝一切活动。问题的关键只在于这些活动是否以生产为目的。实际上，在犹太教传统看来，不具建设性含义的纯粹破坏性行动并不构成melacha，因此也不被视为是对安息日静养的一种违背（因此，即使是在犹太教以外，欢庆行为也经常包含了一种欢乐、有时甚至是暴力的破坏和挥霍行为）。因此，假如说点火和做饭是被禁止的，安歇(menucha)的精神仍然在食物的消耗方面找到了特定的表达——我们对任何庆典中的这一行为都给予了特别的关注（安息日至少包含了三顿节日大餐）。一般而言，合法行为和行动的整个领域——从最普通的日常行为到赞美诗——都浸润着不可言传的情感色调，也就是我们所说的"节日性"。在犹太-基督教传统中，这一特定的共享的行为和生活模式表达在以下这一命令中（我们今天好像已经完全忘记了它的意义）："敬奉庆典。"界定庆典的安歇不是不活动和弃绝一切活动，而是敬奉，也就是说，一种特定的行为和生活模式。

3. 尽管庆典日仍然弥漫着模糊的怀旧气息，但今天显然已经不再能感受到对神的完全的虔敬了。出于这一精神，凯雷尼把庆典性的丧失比作一个人想跳舞却再也听不见音乐。我们继续执行我们的祖父母教会我们的仪式——或多或少地完全停止劳作，多少帮着准备圣诞节火鸡或复活节羔羊肉，微笑，赠送礼物，歌唱——但实际上我们却不再能听到音乐；我们不再懂得如何"敬奉"。然而我们也无法放弃庆典，因此，我们继续在每一个可能的场合（即使在官方的节假日外）实施这一特定的——失去的——行为和生活模式，也就是我们所谓的"庆典"。我们坚持跳舞，用喧闹的迪斯科和高音喇叭来弥补音乐的失落；我们继续在庆典上挥霍和破坏——甚至（并且经常是）生命本身——但我们再也无法实现 menucha，一种单纯但对我们来说无法实现的安歇，它可以重新赋予庆典以意义。但安歇为什么对我们来说如此之难，如此之不可得？我们所谓的庆典性这一人类行为和生活模式的特征究竟是什么？

4. 普鲁塔克在《宴饮问题》中记述到，他曾经在齐罗尼亚目睹了一场名为"驱逐贪食"的庆典。他写道："那是一场祖先传下来的庆典，由执政官在公共祭坛举行，市民们则在各自家中举行。它被叫作'驱逐贪食'（boulimou exelasis）。他们赶走家中的某个奴隶，用贞树的枝条抽打他，一边大声喊道：'带着贪食离开，带着财富和健康回来。'"[1] Boulimos 在古希腊语中的意思是"公牛般的饥饿"。普鲁塔克告诉我们，在斯米纳也有类似的庆典，在那里，为了驱逐 boubrostis（"像牛一样贪吃"），一头带着整张牛皮的黑牛会被用来献祭。

为了理解这些庆典中到底什么是最关键的，我们有必要首先使自己摆脱这样的错误认识，即所有这些行为都是为了安抚上帝，从而获得物质财富和丰盛食物。然而，以下事实表明，这无疑和我们上面提到的庆典完全没有关系，因为被驱逐的不是饥饿和灾荒，而是"公牛般的饥饿"：这一兽类的永不满足的进食（由公牛来象征，因其缓慢而不间断的反刍）。于是，赶走"贪食的"奴隶意味着驱逐某种形式的贪食（像野兽一样贪吃或狼吞虎咽，以满足某种从本质上来说永远无

---

[1] Plutarch, *Moralia*, vol.8, trans. P.A. Clement and H.B. Hoffleit, Cmbridge, MA: Harvard University Press, 1969, pp.495-497.

法满足的食欲),从而为另一种进食模式腾出空间,后者更为人性化、更具庆典性,它只能在驱逐"公牛般的饥饿"之后才开始,此时贪食失去了作用,变得神圣化。因此,吃不再是某种被禁止的行为,它不再朝向某一目标,而是一种无功用性和安歇,一种营养功能方面的安歇。

5. 在现代语言中,古希腊术语"公牛般的饥饿"仍然在医学术语中保留着,它逐渐指代一种饮食方面的紊乱,20世纪70年代末以来,饮食紊乱已经在富裕社会中成为一种常见现象。这一紊乱的症状(有时和其反面厌食症联系在一起)典型地表现为反复的暴饮暴食,无法控制自己的食欲,并且在暴饮暴食后立即催吐,强行吐出吃下的东西。19世纪后半期,饮食紊乱只是零星地出现,它只是在我们这个时代才获得了作为流行病的各种特征。人们已经注意到,在宗教领域,这些饮食紊乱可以在以下方面找到其先驱:仪式性地禁食(中世纪"绝食的"圣人)及其反面:和庆典相联系的盛筵(DSM用来界定"暴饮暴食"的短语"eating binges",起源于节日庆典中的过度饮食,有一些节日如斋月,似乎是由绝食和大吃大喝、禁食和盛筵之间纯粹而简单的仪式性更替构成的)。

从这一观点来看,有可能把暴饮暴食这种饮食紊乱用某种方式与普鲁塔克所描述的"驱逐贪食"的庆典联系起来。正如被用贞树的枝条抽打并赶出家门的奴隶,它是公牛般的饥饿——必须从城市中清除出去的饥饿,以便为节日饮食扫清道路——的化身,永远无法满足其胃口的暴饮暴食症患者,身上也存在着公牛般的饥饿,但它已经无法从城市中驱逐出去了。暴饮暴食症患者通常肥胖、不安全、自控能力差,并因而(与厌食症不一样)遭到社会唾弃,他们是我们这个时代不再有一种真正的庆典行为的无用的替罪羊——是一种净化仪式的无用的残余,其意义已经在当代社会中失落了。

6. 然而，暴饮暴食行为的一个方面似乎至少部分地证实了对于净化需求的记忆。我指的是催吐，暴饮暴食者或者用机械的方式完成（通过把两根手指伸到喉咙深处），或者通过服用催吐剂或泻药（正是后一种行为会给病人带来生命危险，著名的例子是歌手卡伦·卡朋特，她因服用过量催吐剂致死）。在暴饮暴食症研究一开始，求助催吐手段就被视为诊断这一病症的必要部分，尽管确实有一小部分病患（大约6%）没有发生过这一行为。把这一自我催吐现象归结为是追求减肥（主要是在女性患者中），这并不是一个令人满意的答案。事实上，在吐出之前刚吃下去东西时，暴饮暴食症患者似乎是在消解他们身上的公牛般的饥饿，从而用某种方式净化自己。一度——即使是独自地，带着其他人的彻底不理解，在其他人看来催吐比暴饮暴食更应该受到谴责——暴饮暴食症患者似乎无意识地承担了净化的功能，即被驱逐的奴隶乐于为齐罗尼亚市民承担的那一功能（正是基于过度饮食与催吐、罪与涤之间的这一规律性更替，在名为《负责任的暴饮暴食》一书中，作者声称自己在许多年里"有意识地、成功地"实践了暴饮暴食）。

7. 仪式性行为必然把动物性的贪食和人类的进食表现为两个不同的时刻，但它们实际上是不可分割的。如果说在斯米纳，驱逐 boubrostis（像公牛般地贪食）的行为与把公牛作为献祭品和仪式性进食是吻合的，那么，在齐罗尼亚，献祭（普鲁塔克称之为 thysia）——就其紧接着一场公共盛筵而言——首先要做的似乎是驱逐 boulimos，也就是说，使无疑也存在于人类身体中的公牛般的饥饿失去作用。同样，暴饮暴食症患者——吃下食物后立即用催吐的方式吐出吃下的东西，几乎是下意识地——似乎边吐边吃，把同样动物性的饥饿吐出来，使其失去作用。

动物与人、公牛般的饥饿和盛筵之间的混杂，对于我力图揭示的安歇和庆典之间的关系问题具有宝贵的指导意义。安歇（这至少是我试图提出的假设）既不是庆典日的结果也不是其前提（劳动的弃绝），而是与庆典性本身相吻合的，因为它恰恰使人类的姿态、行为和劳作中性化了，使其失去了作用，后者反过来也只有通过这一方式才能成为节日性的（因此，节庆实际上包括宰杀、消耗、取缔以及最终清除某些事物）。

8. 安息日——包括每一个庆典日——并不是工作日之后附加的休息日（就像我们的日历上所标的那样），而是意指一个特定的时间、一种特定的活动，《圣经·创世记》的叙述中已经隐含了这一意义，休息和工作的完成都在第七日（"第七日，上帝完成了造物的工作，就在第七日放下一切工作安歇了。"）可能正是为了强调工作和安歇之间的直接的连续性——同时也是异质性——《创世记注》的作者写道："血肉之躯的人,不知道自己的日子、月份和时节,就把从俗世时间中拿来的东西附在神圣时间之后;但圣人,由其名字所佑,知道日子、月份和时节,准确地进入了安息日。"[1] 同样,人们必须读取《创世记》的另一种评注,它写道,"安息日的戒律和犹太教的律法(Torah)是相当的",而对安息日的遵守"会带来弥赛亚的降临"[2]。所有这些意味着,安息日的安歇不是一种简单的弃绝,与工作日的各种信条和行为无关;相反,它对应于律令的完美执行(弥赛亚的降临表示犹太教的律法完全实现了,它因而失去了作用,实现了安歇)。因此,犹太教传统把安息日视为弥赛亚王国的一小部分及其前兆。《塔木德》以它一贯的坦率表达了安息日和即将来临的时间(olam habba)之间的本质联系:"三件事预示了即

---

[1] Genesis Rabbah: *The Judaic Commentary to the Book of Genesis*: A New American Translation, vol.1, trans. J. Neusner, Antlanta: Scholars Press, 1985, p.107.

[2] *The Zohar*, vol.4, trans. D.C. Matt, Stanford, CA: Stanford University Press, 2007, p.504.

将来临的时间：太阳、安息日和 tashmish（这个词指代性交或排泄）。"[1]

那么，我们该如何来理解安息日、工作和安歇之间的接近关系和几乎相互的内在性呢？在拉什对《创世记》所作的评注中，他留意到一个传统，根据这一传统，即使安息日也有某些东西在被创造出来："经过六天的创造，世上还缺什么东西呢？Menucha（工作的停顿、安歇）。安息日降临了，Menucha 降临了，世界圆满了。"[2] 甚至是工作的停歇也属于创造；它是上帝的劳作。但它是一种非常特殊的工作，因为它使所有的工作都失去了作用，使所有其他的工作都停歇了。罗森茨魏希表达了安息日与创造之间的这一异质性的承继关系，他写到，它既是创造的庆典，也是救赎的

---

[1] *The Talmud of Babylonia: An Academic Commentary*, vol.1, trans. J. Neusner, Atlanta, Scholars Press, 1994, p.338.

[2] *Hebrew-English Edition of the Babylonian Talmud: Megillah*, trans. M. Simon, London, Soncino, 1984, p.9a.

庆典，或更确切地说，我们在安息日庆祝的这一创造，从一开始就注定是救赎（即工作的停歇）。

9. 庆典日不是由那天不可以做什么，而是由本来可以做——它本身和日常生活中所完成的没什么两样——但现在被禁止做什么来界定的，原来可以做的事情现在不能做了，被从"现实生活"、从工作日界定它的理性和目标中解放了出来，暂时被悬置了（不做在这一意义上只是这一悬置的一个极端个例）。吃，不是为了果腹；穿，不是为了蔽体或防寒；醒来，不是为了工作；走路，不是为了去某个地方，说话，不是为了交流信息；交换物品，不是为了买卖。

在某种程度上，每一个庆典日都包含了这一悬置因素，并主要地从人们的工作的停歇开始。在皮特描述的西西里岛为死者举行的庆典中，死者（或被称作 Strina 的老妇人，这个词来源于拉丁文 Strena，原指新年庆典中交换的礼物）从裁缝店、商铺和面包店偷来东西，然后送给孩子们（与此类似的情节几乎在所有包含礼物的节日中都发生了，例如万圣节，孩子们假扮成各种鬼怪）。礼物、馈赠和玩具作为客体具有的使用价值和交换价值失去了作用，被剥离了经济领域。在每一个狂欢节，例如罗马的农神节中，现实的社会关系被悬置或扭转了：不仅奴隶可以对主人下命令，王权也被置于一个模拟国王（saturnalicius princeps）手中，它取代了合法国王的位置。通过这一方式，庆典揭示性地把自己表现为是对现有价值和权力的一种消解。卢奇安写道，"古代庆典没有不跳舞的"，但舞蹈如果不是把身体从功利性的行动中解放出来，在纯粹的非功用性中展示体态，又是什么呢？[1] 在许多民族的庆典中用多种方式发挥了作用的面具，如果主要地不是对脸的消解，又是什么呢？

---

1 Lucian, "The Dance," in *Lucian*, vol.5, trans. A. M. Harmon, Cambridge, MA: Harvard University Press, 1936, p.229.

10. 这不是说被庆典悬置和变得失去作用的人类活动必然被独立出来,并移置到了一个更崇高、更庄严的领域。把庆典分离出来并移置到神圣领域(它当然会在某一时刻出现),这实际上是由教会和神职人员完成的。常见的编年史认为,宗教现象是起源,后来才出现了宗教的世俗化,我们应该扭转这一观念,假定最开始在庆典中,人类活动被消解了,失去了功用性。我们所说的"宗教"(古代文化中没有现代意义上的"宗教"这一术语)在这一时刻介入了进来,它在一个独立的领域中俘获了庆典。列维—斯特劳斯的假设——他把我们常用的基本宗教概念(mana, wakan, orenda, tabou, 等等)解读为能指过剩,它们本身是空洞的,并因此可以负载各种象征性内容——从这一角度获得了一种更为宽泛的意义。具有"零度象征价值"的能指可以对应于被庆典清空和失去功用,后来宗教又通过仪式性机制把它们分离出来并重新加以符码化的人类活动和客体。[1]

无论如何,不管庆典中的安歇先于宗教,还是来源于宗教机制的世俗化,这里首要的是一种实践维度,其中,简单的、日常的人类活动既没有被否定,也没有被废除,而只是被悬置和变得失去功用,以便用一种庆典的方式展现出来。因此,列队行进和舞蹈展示并改造了人类身体行走的简单步态,礼物揭示了经济和劳动产品中意想不到的可能性,庆典大餐复活并转变了公牛般的饥饿。其目的不是要把这些行为神圣化,变得不可触及,而是相反,使它们朝向一种新的——或更古老的——符合安息日精神的可能用途。《塔木德》直率的嘲弄般的语言——它把安息日和性交(排泄)同样视作即将来临的时间的信物——在这里显示了其绝对的严肃性。

---

[1] Claude Levi-Strauss, *Introduction to the Works of Marcel Mauss*, trans. F. Bajer, London: Routledge, 1987, p.64.

第十篇 世界历史的最后一章

在木偶中,或在上帝那里。

我们对事物无知的方式可能和我们认识事物的方式同样重要(甚至更为重要)。一些无知的方式——粗心、走神、遗忘——导致了愚笨和丑陋,但其他一些方式——克莱斯特笔下的年轻人的自我无意识,婴儿的可爱的茫然——其完整性一直是我们不知疲倦地加以赞美的。一方面,精神分析把某种无知称为压抑,它经常给个体的生活带来不利的影响。但另一方面,当一个女人似乎愉快地完全没有意识到自己身体的秘密时，我们称之为美。因此，成功地不认识自己有很多种方式，美就是其中之一。实际上，我们变得无知的方式可能恰恰就是界定我们认知范围的方式，阐明无知领域可能就是我们所有知识的条件——同时也是其试金石。如果确实是这样，那么对无知的模式和类型进行合理分类就和科学的系统分类同样有效，我们的知识传播正是基于后者之上。尽管人类数百年来一直在反思如何保存、改进和确证他们的知识，但对无知的技艺甚至缺乏基本的认识。认识论和方法论考定和建立了知识的条件、范式和结构，但对于无知领域却束手无策。实际上，无知领域并不简单地是不知；它不仅仅是缺失和不足的问题。相反，它意味着使自己与无知保持一种正确的关系，使一种知识的缺场指导并伴随我们的举动，使一种顽固的沉默清晰地回应我们的言说。或者套用一个已经过时的术语，我们可以说，最密切和最有滋养的东西采取的不是科学和教条的形式,而是恩典和箴言的形式。在此意义上,生活的艺术就是在我们自身与逃离我们的事物之间保持一种和谐。

在最终的分析中,甚至知也与无知保持着联系。但它是通过压抑实现的,或是通过预设——这一更有效更强有力的方式实现的。未知是知识设定的可以征服但尚未开垦的国度;无意识是意识将不得不照亮的暗夜。在以上的例子中,某些事物被分离出来是为了穿透和征服它们。另一方面,与无知领域的联系也对这些领域起到了监管作用,使其保持原样。这不是通过颂扬其黑暗(像在神秘主义那里),也不是通过赞美其玄奥(像在礼拜仪式中),甚至也不是通过使其充满幻想(就像在精神分析中所做的那样)。这里重要的不是一种秘密学说或高深的科学,也不是我们未知的某一知识。无知领域实际上可能并不包含任何特殊的东西,如果你朝里看,你仅仅能瞥见——当然这并不确定——一个破旧的雪橇,瞥见——当然这也不能确定——一个小女孩冒失的暗示,邀请我们跟她一起玩。也许无知领域根本不存在;存在的只是其姿态。就像克莱斯特准确理解的那样,与无知领域的联系就像一场舞蹈。